# ENTSCHEIDUNGEN

des

# Ober-Seeamts und der Seeämter

des

# Deutschen Reichs.

Herausgegeben

im

REICHSAMT DES INNERN.

Erster Band.

**Hamburg.**

Druck und Verlag von L. Friederichsen & Co.

1879/1880.

# I. Zusammenstellung

## der im ersten Bande enthaltenen Entscheidungen nach den Seeämtern.

1. Kaiserliches Ober-Seeamt 19 Entscheidungen, nämlich die Nummern: 38, 40, 66, 80, 82, 83, 121, 122, 129, 141, 142, 145, 146, 159, 160, 161, 169, 170 und 171.
2. Seeamt zu Königsberg 10 Sprüche, nämlich die Nummern: 9, 17, 23, 57, 93, 99, 100, 170, 175 und 217.
3. Seeamt zu Danzig 8 Sprüche, nämlich die Nummern: 5, 8, 42, 75, 114, 125, 166 und 229.
4. Seeamt zu Stettin 17 Sprüche, nämlich die Nummern: 13, 33, 54, 60, 67, 68, 69, 87, 92, 95, 123, 129, 137, 147, 183, 184 und 208.
5. Seeamt zu Stralsund 37 Sprüche, nämlich die Nummern: 30, 31, 43, 44, 52, 62, 70, 77, 82, 96, 97, 98, 103, 104, 105, 118, 119, 130, 135, 136, 146, 160, 161, 178, 185, 186, 187, 188, 194, 195, 198, 199, 224, 225, 233, 234 und 235.
6. Seeamt zu Rostock 12 Sprüche, nämlich die Nummern: 32, 64, 65, 86, 111, 112, 115, 140, 159, 164, 191 und 237.
7. Seeamt zu Lübeck 2 Sprüche, nämlich die Nummern: 132 und 226.
8. Seeamt zu Flensburg 9 Sprüche, nämlich die Nummern: 25, 41, 56, 91, 106, 153, 154, 205 und 206.
9. Seeamt zu Tönning 10 Sprüche, nämlich die Nummern: 21, 34, 84, 150, 169, 174, 192, 203, 213 und 231.
10. Seeamt zu Hamburg 59 Sprüche, nämlich die Nummern: 2, 3, 14, 16, 19, 24, 26, 29, 35, 36, 37, 39, 45, 48, 51, 55, 59, 61, 63, 72, 73, 78, 79, 81, 102, 109, 110, 113, 117, 120, 127, 128, 133, 134, 141, 143, 144, 145, 148, 152, 155, 157, 158, 165, 171, 173, 181, 193, 202, 204, 209, 210, 211, 212, 214, 218, 219, 230 und 239.
11. Seeamt zu Bremerhaven 20 Sprüche, nämlich die Nummern: 6, 12, 27, 28, 46, 47, 58, 71, 74, 76, 101, 124, 138, 139, 172, 180, 182, 197, 200 und 216.
12. Seeamt zu Brake 19 Sprüche, nämlich die Nummern: 1, 10, 11, 15, 18, 50, 85, 107, 116, 126, 131, 149, 151, 162, 163, 196, 201, 207 und 223.
13. Seeamt zu Emden 35 Sprüche, nämlich die Nummern: 4, 7, 20, 22, 38, 49, 53, 66, 80, 83, 88, 89, 90, 94, 108, 121, 122, 142, 156, 167, 168, 176, 177, 179, 189, 190, 215, 220, 221, 222, 227, 228, 232, 236 und 238.

# II. Chronologische Uebersicht

## der im ersten Bande enthaltenen Entscheidungen des Ober-Seeamts und der Seeämter des Deutschen Reichs.

| Datum der Verkündigung. | Verkündet vom Seeamt zu: (bezw. Ober-Seeamt:) | Nationalität | Gattung | Namen | Heimathshafen | Laufende Nummer. | Seite. |
|---|---|---|---|---|---|---|---|
| | | der von den Seeunfällen betroffenen Schiffe. | | | | | |
| **1878.** | | | | | | | |
| 23. Fbr. | Bremerhaven | deutsch . . | Schraubendampfschiff | America . . . . | Bremen . . . | 6 | 13 |
| 13. März | Danzig . . . | britisch . . | Dampfschiff | Loreley . . . . | London . . . | 8 | 22 |
| 16. » | Brake . . . . | deutsch . . | Schooner. . | Zwei Gebrüder . | Brake . . . . | 1 | 1 |
| 18. » | Brake . . . . | do. . . | Brigg . . . | Henriette. . . . | Elsfleth . . . | 10 | 25 |
| 22. » | Hamburg . . | do. . . | Bark. . . . | AugusteSolscher | Hamburg . . | 2 | 3 |
| 26. » | Hamburg . . | do. . . | Schooner. . | Adelheid . . . . | Hamburg . . | 3 | 6 |
| 26. » | Emden . . . | do. . . | Schoonergaliote. | Alliance . . . . | Neermoor . . | 4 | 7 |
| 4. April | Danzig . . . | do. . . | Bark. . . . | Otto George . . | Danzig . . . | 5 | 8 |
| 4. » | Emden . . . | do. . . | Galiote. . . | Yskea . . . . . | Emden . . . | 7 | 19 |
| 6. » | Königsberg . | do. . . | dreimastig. Schooner. | Rugia . . . . . | Stralsund . . | 9 | 24 |
| 6. » | Brake . . . . | do. . . | Schooner. . | Margaretha. . . | Barssel . . . | 11 | 28 |
| 17. » | Bremerhaven | do. . . | Schoonerbrigg. | Eintracht. . . . | Bremen . . . | 12 | 30 |
| 20. » | Stettin . . . | do. . . | Dampfschiff | Neptun. . . . . | Swinemünde | 13 | 34 |
| 24. » | Hamburg . . | britisch . . | Schooner. . | David . . . . . | — | 14 | 40 |
| 25. » | Brake . . . . | deutsch . . | Brigg . . . | Emanuel . . . . | Elsfleth . . . | 15 | 41 |
| 14. Mai | Hamburg . . | do. . . | Bark. . . . | Elise . . . . . . | Hamburg . . | 16 | 46 |
| 16. » | Königsberg . | do. . . | Schooner. . | Capella . . . . | Barth . . . . | 17 | 48 |
| 23. » | Brake . . . . | do. . . | Brigg . . . | Emilie . . . . . | Brake . . . . | 18 | 55 |
| 24. » | Hamburg . . | do. . . | Bark. . . . | Ceres. . . . . . | Hamburg . . | 19 | 59 |
| 24. » | Emden . . . | do. . . | Schoonergaliote. | Frau Peta . . . | Norden . . . | 20 | 60 |
| 14. Juni | Tönning . . | do. . . | Tjalk . . . | Hero. . . . . . | Riepe . . . . | 21 | 65 |
| 25. » | Emden . . . | do. . . | Tjalk . . . | Catharina . . . | Riepe . . . . | 22 | 67 |
| 29. » | Königsberg . | do. . . | Bark. . . . | Adelheid . . . . | Kiel . . . . | 23 | 70 |
| 12. Juli | Hamburg . . | do. . . | Schooner. . | Pfeil . . . . . . | Altona . . . | 24 | 78 |
| 8. » | Flensburg . . | do. . . | Schooner. . | neu erbaut in Flensburg . . | | 25 | 79 |

| Datum der Verkündigung. | Verkündet vom Seeamt zu: (bezw. Ober-Seeamt:) | Nationalität | Gattung | Namen | Heimathshafen | Laufende Nummer. | Seite. |
|---|---|---|---|---|---|---|---|
| | | der von den Seeunfällen betroffenen Schiffe. | | | | | |
| 19. Juli | Hamburg . . | deutsch . . | Bark. . . . | Anita . . . . . | Hamburg . . | 26 | 82 |
| 23. » | Bremerhaven | do. . . | Tjalk . . . | Foskea. . . . . | West-Rhauderfehn. | 27 | 83 |
| 23. » | Bremerhaven | do. . . | Lootsenschooner. | Weser . . . . . | Bremen . . . | 28 | 84 |
| 31. » | Hamburg . . | do. . . | Dampfschiff | Karnak . . . . | Hamburg . . | 29 | 85 |
| 7. Aug. | Stralsund . . | do. . . | Bark. . . . | Amalie. . . . . | Barth . . . . | 30 | 89 |
| 7. » | Stralsund . . | do. . . | Schaluppe . | Bertha Auguste | Barth . . . . | 31 | 90 |
| 15. » | Hamburg . . | britisch . . | Brigg . . . | Brotherly Love | Shields . . . | 39 | 121 |
| 19. » | Rostock. . . | deutsch . . | Schooner. . | Otto & Frieda . | Rostock. . . | 32 | 91 |
| 20. » | Emden . . . | do. . . | Kuff . . . . | Aurora. . . . . | Karolinensiel | 38 | 107 |
| 22. » | Stettin. . . . | do. . . | Brigg . . . | Eos . . . . . . | Stettin . . . | 33 | 97 |
| 22. » | Tönning . . | do. . . | Ever . . . . | Elisabeth. . . . | Büsum . . . | 34 | 101 |
| 23. » | Hamburg . . | do. . . | Vollschiff . | Matterhorn. . . | Hamburg . . | 35 | 102 |
| 23. » | Hamburg . . | do. . . | Schoonerbrigg. | Rebecca . . . . | Hamburg . . | 36 | 104 |
| 23. » | Hamburg . . | do. . . | Schooner. . | Emil . . . . . . | Itzehoe . . . | 37 | 105 |
| 11. Sept. | Flensburg . . | do. . . | Schnigge. . | Die Eider . . . | Breiholz. . . | 41 | 132 |
| 12. » | Emden . . . | do. . . | Tjalk . . . | Vier Gebrüder . | West-Rhauderfehn. | 80 | 244 |
| 26. » | Danzig . . . | do. . . | Schoonerbark. | Vertrauen . . . | Danzig . . . | 42 | 134 |
| 28. » | Stralsund . . | do. . . | Schaluppe . | Alwine . . . . . | Wolgast . . | 43 | 138 |
| | | dänisch . . | Jacht. . . . | Elise . . . . . . | — | | |
| 28. » | Stralsund . . | deutsch . . | Schooner. . | Caroline . . . . | Stralsund . . | 44 | 139 |
| 1. Oct. | Hamburg . . | do. . . | Schoonerbrigg. | Bertha . . . . . | Hamburg . . | 45 | 142 |
| 9. » | Bremerhaven | do. . . | Bark. . . . | Carl Georg . . | Bremen . . . | 46 | 143 |
| 9. » | Bremerhaven | do. . . | Kahn . . . | Margarethe. . . | Brake . . . . | 47 | 145 |
| 24. » | Ober-Seeamt | do. . . | Kuff . . . . | Aurora. . . . . | Karolinensiel | 38 | 111 |
| 25. » | Ober-Seeamt | do. . . | Brigg . . . | Eos . . . . . . | Stettin . . . | 40 | 125 |
| 25. » | Hamburg . . | do. . . | Brigg . . . | Alida. . . . . . | Elsfleth . . . | 48 | 147 |
| 26. » | Emden . . . | britisch . . | Brigg . . . | Argyra. . . . . | Salcombe . . | 49 | 148 |
| 26. » | Emden . . . | deutsch . . | Schoonergaliote. | Wodan . . . . | Papenburg. . | 66 | 207 |
| 30. » | Brake . . . . | do. . . | Kuff . . . . | Nicolaus Friedrich Peter. | Barssel . . . | 50 | 154 |
| 31. » | Hamburg . . | do. . . | Schraubendampfschiff | Castor . . . . . | Hamburg . . | 51 | 155 |
| 7. Nov. | Stralsund . . | do. . . | Jacht. . . . | Elise . . . . . . | Barth . . . . | 52 | 158 |
| 7. » | Emden . . . | niederländ. | Tjalk . . . | Feika . . . . . | Veendam . . | 53 | 160 |
| 9. » | Stettin. . . . | deutsch . . | Schaluppe . | Germania . . . | Stralsund . . | 54 | 163 |
| | | do. . . | Dampfer. . | Russia . . . . . | Stettin . . . | | |
| 11. » | Hamburg . . | do. . . | Brigg . . . | Superb. . . . . | Hamburg . . | 55 | 166 |

| Datum der Verkündigung. | Verkündet vom Seeamt zu: (bezw. Ober-Seeamt:) | Nationalität | Gattung | Namen | Heimathshafen | Laufende Nummer. | Seite. |
|---|---|---|---|---|---|---|---|
| | | der von den Seeunfällen betroffenen Schiffe. | | | | | |
| 14. Nov. | Flensburg . . | deutsch . . | Bark . . . . | Emma . . . . . | Apenrade . . | 56 | 167 |
| | | britisch . . | Bark . . . . | The Goolwa . . | — | | |
| 14. » | Königsberg . | deutsch . . | Schooner . . | Bertha . . . . . | Barth . . . . | 57 | 176 |
| 20. » | Bremerhaven | do. . . | Schrauben-dampfschiff | Neckar . . . . . | Bremen . . . | 58 | 181 |
| | | belgisch . . | Fischer-kutter. | Aanmoediging . | Ostende . . . | | |
| 20. » | Hamburg . . | deutsch . . | Schooner . . | Kenna . . . . . | Emden . . . | 59 | 183 |
| | | britisch . . | Dampfschiff | Monica . . . . . | — | | |
| 23. » | Stettin . . . | niederländ. | Kuff . . . . | Nicola van Baarlen. | — | 60 | 191 |
| | | dänisch . . | Dampfschiff | Svend . . . . . | — | | |
| 25. » | Hamburg . . | deutsch . . | Schooner-brigg. | Johanne . . . . | Hamburg . . | 61 | 194 |
| 27. » | Stralsund . . | do. . . | Schooner . . | Johann August. | Stralsund . . | 62 | 196 |
| 27. » | Stralsund . . | do. . . | Bark . . . . | Padang Packet . | Stralsund . . | 82 | 263 |
| 30. » | Stettin . . . . | do. . . | Schooner . . | Diogenes . . . . | Swinemünde | 67 | 217 |
| 30. » | Stettin . . . . | britisch . . | Dampfer . . | Pacific . . . . . | — | 68 | 218 |
| | | deutsch . . | Galeasse . . | Anna . . . . . | Stralsund . . | | |
| 30. » | Stettin . . . . | do. . . | Bark . . . . | Camilla . . . . | Greifswald . | 69 | 221 |
| 6. Dec. | Hamburg . . | do. . . | Schooner . . | Marie & Sophie | Hamburg . . | 63 | 197 |
| 7. » | Emden . . . | do. . . | Schooner . . | Margarethe . . . | Leer . . . . | 83 | 272 |
| 9. » | Rostock . . . | do. . . | Schooner . . | J. Lorenz . . . | Rostock . . . | 64 | 199 |
| 12. » | Ober-Seeamt | do. . . | Tjalk . . . | Vier Gebrüder . | West-Rhauderfehn. | 80 | 247 |
| 13. » | Ober-Seeamt | do. . . | Schooner-galiote. | Wodan . . . . . | Papenburg . | 66 | 210 |
| 14. » | Stralsund . . | do. . . | Galeasse . . | Marie Caroline. | Stralsund . . | 70 | 223 |
| 16. » | Rostock . . . | do. . . | Brigg . . . . | Grossherzog Friedrich Franz. | Rostock . . . | 65 | 203 |
| 18. » | Bremerhaven | do. . . | Schrauben-dampfschiff | Habsburg . . . | Bremen . . . | 74 | 231 |
| | | — | Leichter-fahrzeug. | Tomas . . . . . | — | | |
| 22. » | Tönning . . | deutsch . . | Brigg . . . . | Friends . . . . . | Tönning . . | 84 | 284 |
| 28. » | Bremerhaven | do. . . | Schrauben-dampfschiff | Tiger . . . . . . | Bremen . . . | 71 | 226 |
| 28. » | Danzig . . . | do. . . | Bark . . . . | Ebenezar . . . . | Danzig . . . | 75 | 233 |
| 30. » | Emden . . . | do. . . | Brigg . . . . | Gustav . . . . . | Leer . . . . | 121 | 408 |
| **1879.** | | | | | | | |
| 3. Jan. | Hamburg . . | do. . . | Schooner-brigg. | Alma . . . . . . | Blankenese . | 72 | 228 |
| 6. » | Hamburg . . | do. . . | Schooner . . | Maria . . . . . | Hamburg . . | 73 | 229 |
| 8. » | Bremerhaven | do. . . | Tjalk . . . | Gesina . . . . . | Rhauderwyk | 76 | 237 |

| Datum der Verkündigung. | Verkündet vom Seeamt zu: (bezw. Ober-Seeamt:) | Nationalität der von den Seeunfällen betroffenen Schiffe. | Gattung | Namen | Heimathshafen | Laufende Nummer. | Seite. |
|---|---|---|---|---|---|---|---|
| 8. Jan. | Stralsund . . | deutsch . . | Schrauben-dampfschiff | Newa . . . . . | Lübeck . . . | 77 | 238 |
| 8. » | Stralsund . . | do. . . | Bark . . . . | Consul Platen . | Stralsund . . | 160 | 595 |
| 6. » | Hamburg . . | britisch . . . | Dampfschiff | Malaga . . . . . | — | 78 | 240 |
| 9. » | Hamburg . . | schwedisch . | Jacht . . . . | Haniel . . . . . | — | 79 | 242 |
| 9. » | Brake . . . . | deutsch . . | Bark . . . . | Auguste Wilhelmine. | Elsfleth . . . | 85 | 286 |
| 11. » | Rostock . . . | do. . . | Schooner . | Paul Grampp . | Rostock . . . | 86 | 288 |
| 11. » | Stettin. . . . | do. . . | Bark . . . . | Graf Moltke . . | Stettin . . . | 87 | 296 |
| 11. » | Stettin. . . . | do. . . | Bark . . . . | Swinemünde . . | Swinemünde | 129 | 468 |
| 18. » | Emden . . . | do. . . | Schooner . . | Catharina . . . | Petkum . . . | 88 | 299 |
| 18. » | Emden . . . | do. . . | Ever . . . . | Maria . . . . . | Karolinensiel | 89 | 303 |
| 21. » | Emden . . . | do. . . | Kuff . . . . | Heilke Boekhoff | Oldersum . . | 90 | 305 |
| 21. » | Emden . . . | do. . . | Schooner . . | Kronprinz Ernst August. | Papenburg . | 122 | 430 |
| 23. » | Ober-Seeamt | do. . . | Bark . . . . | Padang Packet . | Stralsund . . | 82 | 266 |
| 24. » | Ober-Seeamt | do. . . | Schooner . . | Margarethe . . . | Leer . . . . | 83 | 277 |
| 24. » | Flensburg . . | do. . . | dreimastig. Schooner. | Maria Elisabeth | Heiligenhafen. | 91 | 307 |
| 25. » | Stettin . . . | do. . . | Schooner . . | Emilie Heyse . | Swinemünde. | 92 | 312 |
| 27. » | Königsberg . | do. . . | Bark . . . . | Aurora . . . . . | Memel . . . | 93 | 316 |
| 28. » | Emden . . . | do. . . | Schooner-galiote. | Joseph . . . . . | Papenburg . | 94 | 322 |
| 1. Fbr. | Stettin . . . | do. . . | Schrauben-dampfschiff | Cronstadt . . . | Stettin . . . | 95 | 326 |
| 5. » | Stralsund . . | do. . . | Bark . . . . | Max & Ernst . . | Barth . . . . | 96 | 332 |
| 5. » | Stralsund . . | do. . . | Bark . . . . | Marie Becker . | Stralsund . . | 97 | 334 |
| 5. » | Stralsund . . | britisch . . | Dampfschiff | Black Swan . . | Newcastle . . | 98 | 336 |
| | | deutsch . . | Brigg . . . | Carl . . . . . . | Wolgast . . | | |
| 10. » | Hamburg . . | do. . . | Dampfschiff | Pommerania . . | Hamburg . . | 81 | 250 |
| | | britisch . . | Bark . . . . | Moel Eilian . . | — | | |
| 10. » | Königsberg . | do. . . | Dampfschiff | Utopia . . . . . | Glasgow . . | 99 | 337 |
| | | deutsch . . | Bark . . . . | Helios . . . . . | Pillau . . . . | | |
| 10. » | Königsberg . | do. . . | Bark . . . . | Hohenzollern . . | Memel . . . | 100 | 344 |
| 12. » | Bremerhaven | do. . . | Vollschiff . | Andreas Rickmers. | Geestemünde | 101 | 350 |
| 13. » | Hamburg . . | do. . . | Bark . . . . | Johanna & Maria | Hamburg . . | 102 | 354 |
| 13. » | Stralsund . . | do. . . | Schooner. . | Johannes Köster | Barth . . . . | 103 | 357 |
| 13. » | Stralsund . . | do. . . | Schooner. . | Courier . . . . | Greifswald . | 104 | 359 |
| 13. » | Stralsund . . | do. . . | Schooner. . | Wittow . . . . | Stralsund . . | 105 | 361 |
| 13. » | Flensburg . . | russisch . . | dreimastig. Schooner. | John . . . . . . | Libau . . . . | 106 | 364 |
| 15. » | Brake . . . . | deutsch . . | Tjalk . . . | Schwalbe . . . . | Barssel . . . | 107 | 367 |
| 18. » | Emden . . . | do. . . | Schooner . . | Marie Auguste . | Emden . . . | 108 | 369 |

| Datum der Verkündigung. | Verkündet vom Seeamt zu: (bezw. Ober-Seeamt:) | Nationalität | Gattung | Namen | Heimathshafen | Laufende Nummer. | Seite. |
|---|---|---|---|---|---|---|---|
| | | der von den Seeunfällen betroffenen Schiffe. | | | | | |
| 19. Fbr. | Hamburg | deutsch | Brigg | Margaretha | Cranz | 109 | 371 |
| 25. » | Hamburg | do. | Schooner | Helene | Hamburg | 110 | 373 |
| 28. » | Rostock | do. | Bark | PhilippSuppicich | Rostock | 111 | 374 |
| 28. » | Rostock | do. | Schooner | Jochen Evers | Wismar | 112 | 377 |
| 4. März | Hamburg | do. | Schrauben-dampfschiff | Birma | Hamburg | 113 | 382 |
| 5. » | Danzig | do. | Schooner | JohannFriedrich Ferdinand. | Danzig | 114 | 385 |
| 6. » | Rostock | do. | Schooner. | Ignis Fatuus | Rostock | 115 | 389 |
| 8. » | Brake | do. | Schooner. | Emma | Brake | 116 | 394 |
| 13. » | Hamburg | do. | Brigg | Peri | Hamburg | 117 | 398 |
| 15. » | Stralsund | do. | Bark | Providential | Stralsund | 118 | 400 |
| 15. » | Stralsund | do. | Schooner | Arnold | Barth | 119 | 402 |
| 19. » | Hamburg | do. | Brigg | Catharina | Papenburg | 120 | 404 |
| 20. » | Ober-Seeamt | do. | Brigg | Gustav | Leer | 121 | 418 |
| 21. » | Ober-Seeamt | do. | Schooner. | Kronprinz Ernst August. | Papenburg | 122 | 436 |
| 24. » | Stettin | do. | Bark | Friedrich | Stettin | 123 | 452 |
| 26. » | Bremerhaven | do. | Bark | O. Thyen | Bremen | 124 | 454 |
| 26. » | Stralsund | do. | Brigg | Südpol | Barth | 130 | 475 |
| 26. » | Stralsund | do. | Brigg | Heinrich | Stralsund | 146 | 530 |
| 29. » | Danzig | do. | Schrauben-dampfschiff | Marienburg | Danzig | 125 | 457 |
| 1. April | Emden | do. | Schooner | Elschea | Leer | 142 | 506 |
| 4. » | Rostock | do. | Brigg | Fanchon | Rostock | 159 | 576 |
| 5. » | Hamburg | do. | Schooner | Theodor | Barth | 141 | 500 |
| 9. » | Brake | do. | Schooner-brigg. | Etzhorn | Elsfleth | 126 | 462 |
| 12. » | Hamburg | do. | Schooner | Cadet | Hamburg | 127 | 464 |
| 15. » | Hamburg | do. | dreimastig. Schooner. | Niobe | Blankenese | 128 | 466 |
| 19. » | Brake | do. | Galiote | Adele Ottilie | Varel | 131 | 477 |
| 25. » | Ober-Seeamt | do. | Bark | Swinemünde | Swinemünde | 129 | 472 |
| 25. » | Hamburg | do. | Schrauben-dampfschiff | Alert | Hamburg | 145 | 519 |
| | | britisch | Bark | J. B. Duffus | — | | |
| 30. » | Lübeck | deutsch | Räder-dampfschiff | Novgorod | Lübeck | 132 | 479 |
| 1. Mai | Hamburg | do. | Everkahn | Meta | Brake | 133 | 482 |
| 1. » | Hamburg | do. | Everkahn | Johanna | Farge | 134 | 484 |
| 5. » | Stralsund | do. | Brigg | Heinrich | Wolgast | 135 | 487 |
| 5. » | Stralsund | do. | Schooner. | Johanna Juhl | Stralsund | 136 | 488 |
| 5. » | Stralsund | do. | Schooner. | Johanna | Barth | 161 | 601 |
| 6. » | Stettin | do. | Bark | Elise & Anna | Stettin | 137 | 490 |

| Datum der Verkündigung. | Verkündet vom Seeamt zu: (bezw. Ober-Seeamt:) | Nationalität | Gattung | Namen | Heimathshafen | Laufende Nummer. | Seite. |
|---|---|---|---|---|---|---|---|
| | | der von den Seeunfällen betroffenen Schiffe. | | | | | |
| 6. Mai | Stettin . . . | britisch . . | Dampfschiff | Lady Maxwell . | Liverpool . . | 147 | 542 |
| 12. » | Bremerhaven | deutsch . , | Bark . . . . | Jupiter . . . . . | Geestemünde | 138 | 492 |
| 12. » | Bremerhaven | do. . . | Schooner. . | Horizont . . . . | Papenburg . | 139 | 493 |
| 21. » | Rostock . . . | do. . . | Bark . . . . | Margaretha. . . | Rostock . . . | 140 | 494 |
| 23. » | Ober-Seeamt | do. . . | Schooner. . | Theodor . . . . | Barth . . . . | 141 | 503 |
| 24. » | Ober-Seeamt | do. . . | Schooner. . | Elschea . . . . | Leer . . . . | 142 | 511 |
| 24. » | Tönning . . | do. . . | Räder-dampfschiff | Dithmarschen . | Tönning . . | 169 | 630 |
| | | britisch . . | Brigg . . . | Antias . . . . . | — | | |
| 29. » | Hamburg . . | deutsch . . | Schrauben-dampfschiff | Gellert . . . . . | Hamburg. . | 143 | 515 |
| | | britisch . . | Schooner-brigg. | Rozella Smith . | — | | |
| 31. » | Hamburg . . | deutsch . . | Ever. . . . | Uranus. . . . . | Borstel. . . | 144 | 516 |
| 31. » | Königsberg . | do. . . | Brigg . . . | Ernst. . . . . . | Memel . . . | 170 | 637 |
| 4. Juni | Ober-Seeamt | do. . . | Schrauben-dampfschiff | Alert. . . . . . | Hamburg. . | 145 | 523 |
| | | britisch . . | Bark . . . . | J. B. Duffus . . | — | | |
| 5. » | Ober-Seeamt | deutsch . . | Brigg . . . | Heinrich . . . . | Stralsund . . | 146 | 533 |
| 14. » | Hamburg . . | do. . . | Bark . . . . | J. H. Ramien . | Elsfleth . . . | 148 | 546 |
| 16. » | Brake . . . . | do. . . | Brigg . . . | Johann . . . . . | Elsfleth . . . | 149 | 550 |
| 18. » | Tönning . . | do. . . | Galiote. . . | Emmy . . . . . | Rendsburg. . | 150 | 551 |
| 19. Juni | Hamburg . . | do. . . | Schrauben-dampfschiff | Kronprinz . . . | Hamburg . | 171 | 654 |
| | | do. . . | Bark . . . . | Der kleine Heinrich. | Glückstadt . | | |
| 23. » | Brake . . . . | do. . . | Brigg . . . | Acorn . . . . . | Brake . . . . | 151 | 554 |
| 25. » | Hamburg . . | do. . . | dreimastig. Schooner. | N. Struve . . . | Blankenese . | 152 | 555 |
| 26. » | Flensburg . . | do. . . | Schooner. . | Margarethe. . . | Apenrade . . | 153 | 558 |
| 26. » | Flensburg . . | do. . . | Brigg . . . | Condor. . . . . | Apenrade . . | 154 | 562 |
| 27. » | Hamburg . . | do. . . | Brigg . . . | Toluca . . . . . | Hamburg . . | 155 | 566 |
| 1. Juli | Emden . . . | do. . . | Fahrzeug. . | Margaretha. . . | West-Rhauderfehn. | 156 | 569 |
| 7. » | Hamburg . . | do. . . | Galeasse . . | Catharina . . . | Elmshorn . . | 157 | 573 |
| 8. » | Hamburg . . | do. . . | Bark . . . . | Fidelio . . . . . | Hamburg . . | 158 | 575 |
| 10. » | Ober-Seeamt | do. . . | Brigg . . . | Fanchon . . . . | Rostock . . . | 159 | 589 |
| 11. » | Ober-Seeamt | do. . . | Bark . . . . | Consul Platen . | Stralsund . . | 160 | 598 |
| 12. » | Ober-Seeamt | do. . . | Schooner. . | Johanna . . . . | Barth . . . . | 161 | 603 |
| 12. » | Brake . . . . | do. . . | Schooner. . | Johann . . . . . | Barssel . . . | 162 | 605 |
| 12. » | Brake . . . . | do. . . | Brigg . . . | Seenymphe. . . | Elsfleth . . . | 163 | 612 |
| 14. » | Rostock . . . | do. . . | Schooner. . | Vandalia . . . . | Rostock . . . | 164 | 613 |
| 23. » | Tönning . . | do. . . | Ever . . . . | Catharina . . . | Dornbusch . | 192 | 717 |
| | | niederld. | Tjalk . . . | Kunnechina . . | Groeningen | | |

| Datum der Verkündigung. | Verkündet vom Seeamt zu: (bezw. Ober-Seeamt:) | Nationalität | Gattung | Namen | Heimathshafen | Laufende Nummer. | Seite. |
|---|---|---|---|---|---|---|---|
| | | der von den Seeunfällen betroffenen Schiffe. | | | | | |
| 25. Juli | Hamburg . . | deutsch . . | dreimastig. Schooner. | China . . . . . | Hamburg . . | 165 | 620 |
| 31. » | Danzig . . . | do. . . | Galeassever | Cadet . . . . . | Hamburg . . | 166 | 622 |
| 2. Aug. | Emden . . . | do. . . | Schooner. . | Einigkeit . . . . | Oldersum . . | 167 | 626 |
| 2. » | Emden . . . | do. . . | Schooner. . | Juno . . . . . . | Papenburg . | 168 | 628 |
| 5. » | Hamburg . . | französisch | Dampfschiff | Margueritte Franchetti. | — | 193 | 720 |
| | | deutsch . . | Ever . . . . | Emanuel . . . . | Ostendorf . | | |
| 7. » | Ober-Seeamt | do. . . | Räder-dampfschiff | Dithmarschen . | Tönning . . | 169 | 633 |
| | | britisch . . | Brigg . . . | Antias . . . . . | — | | |
| 8. Aug. | Ober-Seeamt | deutsch . . | Brigg . . . | Ernst . . . . . | Memel . . . | 170 | 648 |
| 9. » | Ober-Seeamt | do. . . | Schrauben-dampfschiff | Kronprinz . . . | Hamburg . . | 171 | 659 |
| | | do. . . | Bark . . . . | Der kleine Heinrich. | Glückstadt . | | |
| 11. » | Bremerhaven | do. . . | Bark . . . . | F. Reck . . . . | Bremen . . . | 172 | 661 |
| 14. » | Hamburg . . | do. . . | Schooner-brigg. | Catharina . . . | Hamburg . . | 173 | 663 |
| 14. » | Tönning . . | do. . . | Schooner . . | Heinrich . . . . | Barth . . . . | 174 | 665 |
| 22. » | Königsberg . | russisch . . | Gaffel-schooner. | Maria . . . . . | Dondangen . | 175 | 667 |
| 23. » | Emden . . . | deutsch . . | Lootsen-schooner. | Ems . . . . . . | Emden . . . | 176 | 669 |
| 23. » | Emden . . . | do. . . | Kuff . . . . | Ernte . . . . . | Grossefehn . | 177 | 671 |
| 30. » | Stralsund . . | do. . . | dreimastig. Schooner. | Mönchgut . . . | Stralsund . . | 178 | 675 |
| 30. » | Emden . . . | do. . . | Schooner . . | Deborah . . . . | Karolinensiel | 179 | 677 |
| 5. Sept. | Bremerhaven | do. . . | Schrauben-dampfschiff | Rhein . . . . . | Bremen . . . | 180 | 684 |
| | | britisch . . | Bark . . . . | Joseph Hickmann. | — | | |
| 8. » | Hamburg . . | deutsch . . | Schooner . . | Elise . . . . . . | Krautsand. . | 181 | 687 |
| 9. » | Bremerhaven | do. . . | Schrauben-dampfschiff | Condor. . . . . | Bremen . . . | 182 | 688 |
| | | norwegisch | Bark . . . . | Jenny . . . . . | — | | |
| 24. » | Stettin . . . | deutsch . . | dreimastig. Schooner. | A. B. & Hedwig | Stettin. . . . | 183 | 692 |
| 24. » | Stettin . . . | do. . . | Schooner. . | Genitiv. . . . . | Stettin. . . . | 184 | 694 |
| 27. » | Stralsund . . | do. . . | Schooner . . | A. von Gadow. | Barth . . . . | 185 | 698 |
| 27. » | Stralsund . . | do. . . | Schooner-bark. | Marianne . . . . | Barth . . . . | 186 | 699 |
| 27. » | Stralsund . . | do. . . | Brigg . . . | Sweadrup . . . | Barth . . . . | 187 | 700 |
| 27. » | Stralsund . . | do. . . | Bark . . . . | Rosa Böttcher . | Stralsund . . | 188 | 702 |

| Datum der Verkündigung. | Verkündet vom Seeamt zu: (bezw. Ober-Seeamt:) | Nationalität | Gattung | Namen | Heimaths-hafen | Laufende Nummer. | Seite. |
|---|---|---|---|---|---|---|---|
| | | der von den Seeunfällen betroffenen Schiffe. | | | | | |
| 27. Sept. | Emden . . . | deutsch . . | Tjalk . . . | Hermannus . . | Weener . . . | 189 | 705 |
| 27. » | Emden . . . | do. . . | Tjalk . . . | Reina Talkea . | West-Rhauderfehn. | 190 | 708 |
| 30. » | Rostock . . . | do. . . | Schraubendampfschiff | HeleneBurchard | Rostock . . | 191 | 711 |
| | | norwegisch | Bark . . . . | Odin . . . . . . | — | | |
| 2. Oct. | Stralsund . . | deutsch . . | Bark . . . . | Ada . . . . . . . | Wolgast . . | 194 | 724 |
| 2. » | Stralsund . . | do. . . | Brigg . . . | Charles Kohrsch | Stralsund . . | 195 | 727 |
| 11. » | Brake . . . . | do. . . | Brigg . . . | R. C. Schumacher. | Brake . . . . | 196 | 730 |
| 11. » | Bremerhaven | do. . . | Vollschiff . | Antares . . . . | Bremen . . | 197 | 730 |
| | | belgisch . | Fischerfahrzeug. | Mathilde . . . . | Ostende . . | | |
| 16. » | Stralsund . . | deutsch . . | Schooner . . | Low Poh Jim . | Stralsund . . | 198 | 737 |
| 16. » | Stralsund . . | do. . . | Bark . . . . | Malwina Schütt | Stralsund . . | 199 | 738 |
| 17. » | Bremerhaven | do. . . | Bark . . . . | Sedan . . . . . | Bremen . . . | 200 | 740 |
| 27. » | Brake . . . . | do. . . | Schoonergaliote. | Familie . . . . | Barssel . . . | 201 | 742 |
| 29. » | Hamburg . . | do. . . | Brigg . . . | Otto . . . . . . | Hamburg . . | 202 | 744 |
| 31. » | Tönning . . | do. . . | Galiote . . | Fortuna . . . . | Rendsburg . | 203 | 751 |
| | | do. . . | Ever . . . . | Elise . . . . . . | Spitzerdorf. | | |
| 5. Nov. | Hamburg . . | do. . . | Bark . . . . | Vater Gerhard . | Hamburg. . | 204 | 752 |
| | | norwegisch | dreimastig. Schooner. | Hans Tode . . | Stavanger . | | |
| 8. » | Flensburg . . | deutsch . . | Jacht . . . | Anne Christine. | Arnis . . . . | 205 | 759 |
| 8. » | Flensburg . . | do. . . | Schooner. . | Freundschaft . | Flensburg . . | 206 | 761 |
| 13. » | Brake . . . . | do. . . | Kahn . . . | Hinderike Helene. | Brake . . . . | 207 | 763 |
| 17. » | Stettin . . . | do. . . | Schooner. . | Maria . . . . . | Kolberg . . . | 208 | 764 |
| 17. » | Hamburg . . | do. . . | Brigg . . . | Rebecca . . . . | Hamburg . . | 209 | 769 |
| 22. » | Hamburg . . | do. . . | Bark . . . . | Hadda . . . . . | Hamburg . . | 210 | 771 |
| 22. » | Hamburg . . | do. . . | Brigg . . . | Japan . . . . . | Neuenfelde . | 211 | 773 |
| 26. » | Hamburg . . | do. . . | Schraubendampfschiff | Madagascar . . | Hamburg . . | 212 | 777 |
| 26. » | Tönning . . | do. . . | Galiote . . | Ellen Susan . . | Wyk auf Föhr | 213 | 778 |
| 26. » | Hamburg . . | do. . . | Bark . . . . | Maria . . . . . | Hamburg . . | 214 | 780 |
| 29. » | Emden . . . | do. . . | Kuff . . . . | Heilke Boekhoff | Oldersum . . | 215 | 786 |
| 29. » | Bremerhaven | deutsch . . | Schraubendampfschiff | H. F. Ulrichs . | Bremen . . . | 216 | 789 |
| 1. Dec. | Königsberg . | do. . . | Jacht . . . | Meta . . . . . . | Stettin . . . | 217 | 792 |
| 3. » | Hamburg . . | do. . . | Ever . . . . | Frau Margaretha | Büsum . . . | 218 | 794 |
| 4. » | Hamburg . . | do. . . | Schraubendampfschiff | Hermann Sauber. | Hamburg . . | 219 | 797 |
| 6. » | Emden . . . | do. . . | Tjalk . . . | Einigkeit . . . . | Karolinensiel | 220 | 799 |

| Datum der Verkündigung. | Verkündet vom Seeamt zu: (bezw. Ober-Seeamt:) | Nationalität | Gattung | Namen | Heimathshafen | Laufende Nummer. | Seite. |
|---|---|---|---|---|---|---|---|
| | | der von den Seeunfällen betroffenen Schiffe. | | | | | |
| 6. Dec. | Emden . . . | deutsch . . | Tjalk . . . | Johanna Hinrika | Warsingsfehn | 221 | 802 |
| 6. » | Emden . . . | do. . . | Tjalk . . . | Ubbina . . . . | Ost-Rhauderfehn. | 222 | 804 |
| 6. » | Brake . . . . | schwedisch. | Schooner. . | Wandringsmann | Hof . . . . . | 223 | 808 |
| 10. » | Stralsund . . | deutsch . . | Schooner. . | Amandus . . . | Stralsund . . | 224 | 810 |
| 10. » | Stralsund . . | do. . . | Schooner. . | Heinrich . . . . | Barth . . . . | 225 | 812 |
| 12. » | Lübeck . . . | do. . . | Kuff . . . . | Rosalie . . . . | Stickelkamper Fehn. | 226 | 814 |
| 13. » | Emden . . . | do. . . | Schooner . . | Bettje Pronk . . | Papenburg . | 227 | 816 |
| 13. » | Emden . . . | do. . . | Galiote . . . | Union . . . . . | Grossefehn . | 228 | 818 |
| 15. » | Danzig . . . | do. . . | Brigg . . . | Nummer Eins . | Elbing . . . | 229 | 822 |
| 17. » | Hamburg . . | do. . . | Galeasse . . | Sophie . . . . . | Hamburg . . | 230 | 826 |
| 17. » | Tönning . . | do. . . | Schnigge . | Christina Helene | Friedrichstadt. | 231 | 829 |
| 20. » | Emden . . . | do. . . | Schoonergaliote. | Hiskelina . . . | West-Rhauderfehn. | 232 | 831 |
| | | dänisch . . | Dampfschiff | Odin . . . . . | Kopenhagen | | |
| 20. » | Stralsund . . | deutsch . . | Schraubendampfschiff | Carl . . . . . . | Kiel . . . . . | 233 | 834 |
| 20. » | Stralsund . . | do. . . | Schooner . | Auguste . . . . | Barth . . . . | 234 | 835 |
| 20. » | Stralsund . . | do. . . | Schaluppe | Julius . . . . . | Altwarp . . . | 235 | 837 |
| 20. » | Emden . . . | do. . . | Galiote . . | Almuth Catharine. | Leer . . . . | 236 | 838 |
| 27. » | Rostock . . . | do. . . | Brigg . . . | Hertha . . . . | Rostock . . | 237 | 841 |
| | | schwedisch | Brigg . . . | Minna . . . . . | — | | |
| 27. » | Emden . . . | deutsch . . | Kuff . . . . | Anna Catharina | Karolinensiel | 238 | 847 |
| 30. » | Hamburg . . | do. . . | Galeasse . . | Catharina . . . | Elmshorn . . | 239 | 851 |

# III. Alphabetisches Verzeichniss der Schiffe.


| Namen der von den Seeunfällen betroffenen Schiffe. | Heimathshafen | Gattung | Seite. |
|---|---|---|---|
| A. B. & Hedwig | Stettin . . | dreimastig. Schooner. | 692 |
| A. von Gadow | Barth . . . | Schooner . . | 698 |
| Aanmoediging | Ostende. . | Fischer-kutter. | 181 |
| Acorn . . . . | Brake . . | Brigg . . . | 554 |
| Ada . . . . . | Wolgast. . | Bark . . . . | 724 |
| Adele Ottilie . | Varel . . . | Galiote . . | 477 |
| Adelheid . . . | Hamburg . | Schooner . . | 6 |
| Adelheid . . . | Kiel . . . | Bark . . . . | 70 |
| Alert . . . . . | Hamburg . | Schrauben-dampfschiff | 519 |
| Alida . . . . | Elsfleth . . | Brigg . . . | 147 |
| Alliance . . . | Neermoor . | Schooner-galiote. | 7 |
| Alma . . . . . | Blanke-nese. | Schooner-brigg. | 228 |
| Almuth Catharine. | Leer . . . | Galiote . . . | 838 |
| Alwine . . . . | Wolgast. . | Schaluppe . | 138 |
| Amalie . . . . | Barth . . . | Bark . . . . | 89 |
| Amandus . . . | Stralsund . | Schooner . . | 810 |
| America . . . | Bremen . . | Schrauben-dampfschiff | 13 |
| Andreas Rickmers. | Geeste-münde. | Vollschiff . | 350 |
| Anita . . . . | Hamburg . | Bark . . . . | 82 |
| Anna . . . . . | Stralsund . | Galeasse . . | 218 |
| Anna Catharina. | Karolinen-siel. | Kuff . . . . | 847 |
| Anne Christine | Arnis . . . | Jacht . . . . | 759 |
| Antares . . . | Bremen . . | Vollschiff . | 730 |
| Antias . . . . | (brit. Schiff) | Brigg . . . | 630 |
| Argyra . . . . | Salcombe . | Brigg . . . | 148 |
| Arnold . . . . | Barth . . . | Schooner . . | 402 |
| Auguste . . . | Barth . . . | Schooner. . | 835 |
| Auguste Solscher. | Hamburg . | Bark . . . . | 3 |
| Auguste Wilhelmine. | Elsfleth . . | Bark . . . . | 286 |
| Aurora . . . . | Karolinen-siel. | Kuff . . . . | 107 |
| Aurora . . . . | Memel . . | Bark . . . . | 316 |
| Bertha . . . . | Barth . . . | Schooner . . | 176 |
| Bertha . . . . | Hamburg . | Schooner-brigg. | 142 |
| Bertha Auguste | Barth . . . | Schaluppe | 90 |
| Bettje Pronk . | Papenburg | Schooner . . | 816 |
| Birma . . . . | Hamburg . | Schrauben-dampfschiff | 382 |
| Black Swan . | Newcastle. | Dampfschiff | 336 |
| Brotherly Love | Shields . . | Brigg . . . | 121 |
| Cadet . . . . | Hamburg . | Schooner . . | 464 |
| Cadet . . . . | Hamburg . | Galeass-Ever. | 622 |
| Camilla . . . | Greifswald | Bark . . . . | 221 |
| Capella . . . | Barth . . . | Schooner . . | 48 |
| Carl . . . . . | Kiel . . . | Schrauben-dampfschiff | 834 |
| Carl . . . . . | Wolgast. . | Brigg . . . | 336 |
| Carl Georg . . | Bremen . . | Bark . . . . | 143 |
| Caroline . . . | Stralsund . | Schooner . . | 139 |
| Castor . . . . | Hamburg . | Schrauben-dampfschiff | 155 |

| Namen | Heimathshafen | Gattung | Seite. |
|---|---|---|---|
| der von den Seeunfällen betroffenen Schiffe. | | | |
| Catharina . . | Dornbusch | Ever . . . . | 717 |
| Catharina . . | Elmshorn . | Galeasse . | 573 und 851 |
| Catharina . . | Hamburg . | Schooner-brigg. | 663 |
| Catharina . . | Papenburg | Brigg . . . | 404 |
| Catharina . . | Petkum . . | Schooner . . | 299 |
| Catharina . . | Riepe . . . | Tjalk . . . | 67 |
| Ceres . . . . . | Hamburg . | Bark . . . . | 59 |
| Charles Kohrsch. | Stralsund . | Brigg . . . | 727 |
| China . . . . | Hamburg . | dreimastig. Schooner. | 620 |
| Christina Helene. | Friedrich-stadt. | Schnigge . | 829 |
| Condor . . . | Apenrade . | Brigg . . . | 562 |
| Condor . . . | Bremen . . | Schrauben-dampfschiff | 688 |
| Consul Platen | Stralsund . | Bark . . . . | 595 |
| Courier . . . . | Greifswald | Schooner . . | 359 |
| Cronstadt . . | Stettin . . | Schrauben-dampfschiff | 326 |
| David . . . . | (brit. Schiff) | Schooner . . | 40 |
| Deborah . . . | Karolinen-siel. | Schooner. . | 677 |
| Der kleine Heinrich. | Glückstadt | Bark . . . . | 654 |
| Die Eider . . | Breiholz . | Schnigge. . | 132 |
| Dithmarschen | Tönning . | Räder-dampfschiff | 630 |
| Diogenes . . . | Swine-münde. | Schooner. . | 217 |
| Duffus, J. B., siehe J. B. Duffus. | | | |
| Ebenezar . . . | Danzig . . | Bark . . . . | 233 |
| Eider, die, siehe Die Eider. | | | |
| Einigkeit . . . | Karolinen-siel. | Tjalk . . . | 799 |
| Einigkeit . . . | Oldersum . | Schooner. . | 626 |
| Eintracht . . . | Bremen . . | Schooner-brigg. | 30 |
| Elisabeth . . . | Büsum . . | Ever . . . . | 101 |
| Elise . . . . . | Barth . . . | Jacht . . . | 158 |
| Elise . . . . . | Hamburg . | Bark . . . . | 46 |
| Elise . . . . . | Krautsand | Schooner. . | 687 |
| Elise . . . . . | Spitzerdorf | Ever . . . . | 751 |
| Elise . . . . . | (dän. Schiff) | Jacht. . . . | 138 |
| Elise & Anna | Stettin . . | Bark . . . . | 490 |
| Ellen Susan . | Wyk auf Föhr. | Galiote. . . | 778 |
| Elschea . . . | Leer . . . | Schooner. . | 506 |
| Emanuel . . . | Elsfleth . . | Brigg . . . | 41 |
| Emanuel . . . | Ostendorf . | Ever . . . . | 720 |
| Emil . . . . . | Itzehoe . . | Schooner. . | 105 |
| Emilie . . . . | Brake . . | Brigg . . . | 55 |
| Emilie Heyse | Swine-münde. | Schooner. . | 312 |
| Emma . . . . | Apenrade . | Bark . . . . | 167 |
| Emma . . . . | Brake . . | Schooner. . | 394 |
| Emmy . . . . | Rendsburg | Galiote. . . | 551 |
| Ems . . . . . | Emden . . | Lootsen-schooner. | 669 |
| Eos . . . . . | Stettin . . | Brigg . . . | 97 und 125 |
| Ernst . . . . . | Memel . . | Brigg . . . | 637 |
| Ernte . . . . | Grossefehn | Kuff . . . . | 671 |
| Etzhorn . . . | Elsfleth . . | Schooner-brigg. | 462 |
| F. Reck . . . | Bremen . . | Bark . . . . | 661 |
| Familie . . . | Barssel . . | Schooner-galiote. | 742 |
| Fanchon . . . | Rostock. . | Brigg . . . | 576 |
| Feika . . . . | Veendam . | Tjalk . . . | 160 |
| Fidelio . . . . | Hamburg . | Bark . . . . | 575 |
| Fortuna . . . | Rendsburg | Galiote. . . | 751 |
| Foskea . . . . | West-Rhauder-fehn. | Tjalk . . . | 83 |
| Frau Margaretha. | Büsum . . | Ever . . . . | 794 |
| Frau Peta . . | Norden . . | Schooner-galiote. | 60 |
| Freundschaft . | Flensburg. | Schooner. . | 761 |
| Friedrich . . . | Stettin . . | Bark . . . . | 452 |
| Friends . . . | Tönning . | Brigg . . . | 284 |

| Namen | Heimathshafen | Gattung | Seite. |
|---|---|---|---|
| der von den Seeunfällen betroffenen Schiffe. | | | |
| Gadow, A. von, siehe A. von Gadow. | | | |
| Gellert | Hamburg | Schraubendampfschiff | 515 |
| Genitiv | Stettin | dreimastig. Schooner. | 694 |
| Germania | Stralsund | Schaluppe | 163 |
| Gesina | Rhauderwyk. | Tjalk | 237 |
| Goolwa, the, siehe The Goolwa. | | | |
| Graf Moltke | Stettin | Bark | 296 |
| Grossherzog Friedr. Franz | Rostock | Brigg | 203 |
| Gustav | Leer | Brigg | 408 |
| H. F. Ulrichs | Bremen | Schraubendampfschiff | 789 |
| Habsburg | Bremen | Schraubendampfschiff | 231 |
| Hadda | Hamburg | Bark | 771 |
| Haniel | (schw. Schiff) | Jacht | 242 |
| Hans Tode | Stavanger | dreimastig. Schooner. | 752 |
| Hedwig, A. B. &, s. A. B. & Hedwig. | | | |
| Heilke Boekhoff. | Oldersum | Kuff | 305 und 786 |
| Heinrich | Barth | Schooner | 665 und 812 |
| Heinrich | Stralsund | Brigg | 530 |
| Heinrich | Wolgast | Brigg | 487 |
| Heinrich, d. kl., s. Der kleine Heinrich. | | | |
| Helene | Hamburg | Schooner. | 373 |
| Helene Burchard. | Rostock | Schraubendampfschiff | 711 |
| Helios | Pillau | Bark | 337 |
| Henriette | Elsfleth | Brigg | 25 |
| Hermann Sauber. | Hamburg | Schraubendampfschiff | 797 |
| Hermannus | Weener | Tjalk | 705 |
| Hero | Riepe | Tjalk | 65 |
| Hertha | Rostock | Brigg | 841 |
| Hinderike Helene. | Brake | Kahn | 763 |

| Namen | Heimathshafen | Gattung | Seite. |
|---|---|---|---|
| der von den Seeunfällen betroffenen Schiffe. | | | |
| Hiskelina | West-Rhauderfehn. | Schoonergaliote. | 831 |
| Hohenzollern | Memel | Bark | 344 |
| Horizont | Papenburg | Schooner. | 493 |
| Ignis Fatuus | Rostock | Schooner. | 389 |
| J. Lorenz | Rostock | Schooner. | 199 |
| J. B. Duffus | (brit. Schiff) | Bark | 519 |
| J. H. Ramien | Elsfleth | Bark | 546 |
| Japan | Neuenfelde. | Brigg | 773 |
| Jenny | (nrw. Schiff) | Bark | 688 |
| Jochen Evers | Wismar | Schooner. | 377 |
| Johann | Barssel | Schooner. | 605 |
| Johann | Elsfleth | Brigg | 550 |
| Johann August | Stralsund | Schooner. | 196 |
| Johann Friedrich Ferdinand | Danzig | Schooner. | 385 |
| Johanna | Barth | Schooner. | 601 |
| Johanna | Farge | Everkahn | 484 |
| Johanna Hinrika. | Warsingsfehn. | Tjalk | 802 |
| Johanna Juhl | Stralsund | Schooner. | 488 |
| Johanna & Maria. | Hamburg | Bark | 354 |
| Johanne | Hamburg | Schoonerbrigg. | 194 |
| Johannes Köster. | Barth | Schooner. | 357 |
| John | Libau | dreimast. Schooner. | 364 |
| Joseph | Papenburg | Schoonergaliote. | 322 |
| Joseph Hickmann. | (brit. Schiff) | Bark | 684 |
| Julius | Altwarp | Schaluppe | 837 |
| Juno | Papenburg | Schooner. | 628 |
| Jupiter | Geestemünde. | Bark | 492 |
| Karnak | Hamburg | Dampfschiff | 85 |
| Kenna | Emden | Schooner. | 183 |

| Namen der von den Seeunfällen betroffenen Schiffe. | Heimathshafen | Gattung | Seite. |
|---|---|---|---|
| Kronprinz . . | Hamburg . | Schraubendampfschiff | 654 |
| Kronprinz Ernst August | Papenburg | Schooner. . | 430 |
| Kunnechina . | Groeningen. | Tjalk . . . | 717 |
| Lady Maxwell | Liverpool. | Dampfschiff | 542 |
| Loreley. . . . | London. . | Dampfschiff | 22 |
| Lorenz, J., siehe J. Lorenz. | | | |
| Low Pow Jim | Stralsund . | Schooner. . | 737 |
| Madagascar. . | Hamburg . | Schraubendampfschiff | 777 |
| Malaga . . . | (brit. Schiff) | Dampfschiff | 240 |
| Malwina Schütt. | Stralsund . | Bark. . . . | 738 |
| Margaretha. . | Barssel . . | Schooner. . | 28 |
| Margaretha. . | Cranz. . . | Brigg . . . | 371 |
| Margaretha. . | Rostock. . | Bark. . . . | 494 |
| Margaretha. . | West-Rhauderfehn. | Fahrzeug. . | 569 |
| Margarethe. . | Apenrade. | Schooner. . | 558 |
| Margarethe. . | Brake. . . | Kahn . . . | 145 |
| Margarethe. . | Leer . . . | Schooner. . | 272 |
| Margueritte Franchetti. | (frz. Schiff) | Dampfschiff | 720 |
| Maria . . . . | Dondangen. | Gaffelschooner. | 667 |
| Maria . . . . | Hamburg. | Bark. . . . | 780 |
| Maria . . . . | Hamburg. | Schooner. . | 229 |
| Maria . . . . | Karolinensiel. | Ever. . . . | 303 |
| Maria . . . . | Kolberg. . | Schooner. . | 764 |
| Maria Elisabeth. | Heiligenhafen. | dreimastig. Schooner. | 307 |
| Marianne. . . | Barth. . . | Schoonerbark. | 699 |
| Marie Auguste | Emden . . | Schooner. . | 369 |
| Marie Becker. | Stralsund . | Bark. . . . | 334 |
| Marie Caroline | Stralsund . | Galeasse . . | 223 |
| Marie &Sophie | Hamburg. | Schooner. . | 197 |
| Marienburg. . | Danzig . . | Schraubendampfschiff | 457 |
| Mathilde . . . | Ostende . | Fischerfahrzeug. | 730 |
| Matterhorn. . | Hamburg. | Vollschiff. . | 102 |
| Max & Ernst | Barth. . . | Bark. . . . | 332 |
| Meta. . . . . | Brake. . . | Everkahn . | 482 |
| Meta. . . . . | Stettin . . | Jacht . . . | 792 |
| Minna . . . . | (schw. Schiff) | Brigg . . . | 841 |
| Moel Eilian . | (brit. Schiff) | Bark . . . . | 250 |
| Mönchgut . . | Stralsund . | dreimastig. Schooner. | 675 |
| Monica. . . . | (brit. Schiff) | Dampfschiff | 183 |
| N. Struve . . | Blankenese. | dreimastig. Schooner. | 555 |
| Neckar. . . . | Bremen. . | Schraubendampfschiff | 181 |
| Neptun. . . . | Swinemünde. | Dampfschiff | 34 |
| Neva. . . . . | Lübeck . . | Schraubendampfschiff | 238 |
| Nicola van Baarlen. | (niedl. Schiff) | Kuff . . . . | 191 |
| NicolausFriedrich Peter. | Barssel . . | Kuff . . . . | 154 |
| Niobe . . . . | Blankenese. | dreimastig. Schooner. | 466 |
| Novgorod . . | Lübeck. . | Räderdampfschiff | 479 |
| Nummer Eins | Elbing . . | Brigg . . . | 822 |
| O. Thyen . . | Bremen. . | Bark. . . . | 454 |
| Odin . . . . . | Kopenhagen. | Dampfschiff | 831 |
| Odin . . . . . | (nrw. Schiff) | Bark. . . . | 711 |
| Otto . . . . . | Hamburg | Brigg . . . | 744 |
| Otto & Frieda | Rostock. . | Schooner. . | 91 |
| Otto George . | Danzig . . | Bark. . . . | 8 |
| Pacific . . . . | (brit. Schiff) | Dampfer. . | 218 |
| Padang Packet | Stralsund . | Bark. . . . | 263 |
| Paul Grampp | Rostock. . | Schooner. . | 288 |
| Peri . . . . . | Hamburg. | Brigg . . . | 398 |

| Namen | Heimathshafen | Gattung | Seite. |
|---|---|---|---|
| der von den Seeunfällen betroffenen Schiffe. | | | |
| Pfeil . . . . . | Altona . . | Schooner. . | 78 |
| Philipp Suppicich. | Rostock. . | Bark. . . . | 374 |
| Pommerania . | Hamburg . | Dampfschiff | 250 |
| Providential . | Stralsund . | Bark. . . . | 400 |
| R. C. Schumacher. | Brake. . . | Brigg . . . | 730 |
| Ramien, J. H., siehe J. H. Ramien. | | | |
| Rebecca . . . | Hamburg . | Brigg . . . | 769 |
| Rebecca . . . | Hamburg . | Schoonerbrigg. | 104 |
| Reck, F., siehe F. Reck. | | | |
| Reina Talkea | West-Rhauderfehn. | Tjalk . . . | 708 |
| Rhein . . . . | Bremen. . | Schraubendampfschiff | 684 |
| Rosa Böttcher | Stralsund . | Bark. . . . | 702 |
| Rosalie. . . . | Stickelkamper Fehn. | Kuff . . . . | 814 |
| Rozella Smith | (brit. Schiff) | Schoonerbrigg. | 515 |
| Rugia . . . . | Stralsund . | dreimastig. Schooner. | 24 |
| Russia . . . . | Stettin . . | Schraubendampfschiff | 163 |
| Schumacher, R. C., s. R. C. Schumacher. | | | |
| Schwalbe. . . | Barssel . . | Tjalk . . . | 367 |
| Sedan . . . . | Bremen. . | Bark. . . . | 740 |
| Seenymphe. . | Elsfleth . . | Brigg . . . | 612 |
| Sophie . . . . | Hamburg . | Galeasse . . | 826 |
| Struve, N., siehe N. Struve | | | |
| Südpol . . . . | Barth . . . | Brigg . . . | 475 |
| Superb . . . . | Hamburg. | Brigg . . . | 166 |
| Svend . . . . | (dän. Schiff) | Dampfschiff | 191 |
| Sweadrup . . | Barth . . . | Brigg . . . | 700 |

| Namen | Heimathshafen | Gattung | Seite. |
|---|---|---|---|
| der von den Seeunfällen betroffenen Schiffe. | | | |
| Swinemünde . | Swinemünde. | Bark. . . . | 468 |
| The Goolwa . | (brit. Schiff) | Bark . . . . | 167 |
| Theodor . . . | Barth . . . | Schooner. . | 500 |
| Thyen, O., siehe O. Thyen. | | | |
| Tiger . . . . | Bremen . . | Schraubendampfschiff | 226 |
| Toluca . . . . | Hamburg. | Brigg. . . . | 566 |
| Tomas . . . . | — | Leichterfahrzeug. | 231 |
| Ubbina. . . . | Ost-Rhauderfehn . | Tjalk . . . . | 804 |
| Ulrichs, H. F., siehe H. F. Ulrichs. | | | |
| Union . . . . | Grossefehn | Galiote . . . | 818 |
| Uranus . . . . | Borstel . . | Ever . . . . | 516 |
| Utopia . . . . | Glasgow. . | Dampfschiff | 337 |
| Vandalia . . . | Rostock. . | Schooner. . | 613 |
| Vater Gerhard | Hamburg . | Bark . . . . | 752 |
| Vertrauen . . | Danzig . . | Schoonerbark. | 134 |
| Vier Gebrüder | West-Rhauderfehn. | Tjalk . . . . | 244 |
| von Gadow, A., siehe A. von Gadow. | | | |
| Wandringsmann. | Hof . . . . | Schooner. . | 808 |
| Weser. . . . . | Bremen . . | Lootsenschooner. | 84 |
| Wittow . . . . | Stralsund . | Schooner. . | 361 |
| Wodan . . . . | Papenburg | Schoonergaliote. | 207 |
| Yskea . . . . . | Emden . . | Galiote . . . | 19 |
| Zwei Gebrüder | Brake . . . | Schooner. . | 1 |
| . . . . . . . . | Flensburg. | Schooner. . | 79 |

# IV. Register

der behandelten Stellen aus Gesetzen, Verordnungen etc.

## Gesetz-Register.


**Allgemeines Deutsches Handelsgesetzbuch** S. 821.

Art. 444 S. 354, 420.
» 478 S. 216, 284, 529, 541.
» 480 S. 116. 250, 420, 640, 651.
» 481 S. 119, 279.
» 484 S. 646, 647, 653.
» 485, 487, 488 S. 283.
» 486 S. 326.
» 486, 487, 488 S. 215, 442, 443.
» 487 S. 120, 296, 444, 582, 601.
» 487, 488 S. 473, 487, 571.
» 488, 490, 492 S. 381.
» 490 S. 439, 440.
» 491, 492 S. 438.
» 493, 494 S. 437.
» 740 S. 51, 393.
» 780 S. 123.
» 834 S. 591.
» 877 S. 421.


## Reichsgesezte etc.


**Gesetz über die Organisation der Bundeskonsulate vom 8. November 1867.**
§. 20 S. 440; §. 36 S. 437.

**Maass- und Gewichts-Ordnung vom 17. August 1868.**
Art. 21 S. 118.

**Bekanntmachung, betr. die Prüfung der Seeschiffer und Seesteuerleute, vom 25. September 1869.**
§. 13 S. 529.

**Verordnung zur Verhütung des Zusammenstossens von Schiffen auf See vom 23. Dezember 1871.**

S. 13, 15, 16, 18, 25, 27, 28, 48, 51, 52, 53, 60, 61, 62, 63, 64, 163, 165, 167, 171, 186, 187, 219, 220, 250, 258, 291, 295, 305, 307, 337, 526, 528, 546, 630, 632, 636, 657, 684, 685, 711, 715, 752, 758, 803, 841, 845.

**Schiffsvermessungs-Ordnung vom 5. Juli 1872.**

S. 272 §. 33. S. 109, 202, 206, 281, 448, 710, 769.

**Seemanns-Ordnung vom 27. Dezember 1872.**

§. 12 S. 444.
§§. 34, 46, 47, 57, 77, 80, 85 S. 215.
§§. 34, 46, 77, 80, 85, 99 S. 443.
§. 47 S. 275, 413.

**Strandungs-Ordnung vom 17. Mai 1874.**

§. 11 S. 215.

**Gesetz über die Beurkundung des Personenstandes vom 6. Februar 1875.**

§§. 61, 63 S. 443.

**Noth- und Lootsen-Signal-Ordnung für Schiffe auf See und auf den Küstengewässern vom 14. August 1876.**

S. 283, 326, 424, 675.

**Verordnung über das Verhalten der Schiffer nach einem Zusammenstoss von Schiffen auf See vom 15. August 1876.**

S. 548, 687, 711, 715.

**Gesetz, betr. die Einführung der Civilprozessordnung, vom 30. Januar 1877.**

§. 13 No. 2 S. 437.

**Strafprozessordnung vom 1. Februar 1877.**

§§. 56, 57, 60 S. 445, §§. 225, 228 S. 524.

**Gesetz, betr. die Untersuchung von Seeunfällen, vom 27. Juli 1877.**

§. 4 S. 54, 159, 236, 319, 402, 438, 462, 625, 631, 633, 634.
§. 13 S. 525.
§. 19 S. 445.
§. 22 S. 319, 446.
§. 26 S. 100 ,217, 220, 225, 284, 473, 511, 522, 523, 524, 533, 534, 611, 645, 647.
§. 31 S. 284.

**Geschäftsordnung für das Kaiserliche Ober-Seeamt vom 3. Mai 1878.**

§. 11 S. 120, 217, 272, 284, 430, 473.

**Entscheidungen des Reichs-Oberhandelsgerichts.**

Band XI. S. 331—333, S. 189.

---

# Partikulargesetze etc.

## Preussen.

**Allgemeines Landrecht.**

Th. 1, Tit. 3, §. 23 S. 54.

**Danziger Hafenordnung vom 30. Januar 1821.**

S. 393.

**Polizei-Ordnung für den Hafen von Pillau vom 14. März 1822.**
§. 4 S. 51.

**Polizei-Ordnung für die Häfen und Binnengewässer von Stettin und Swinemünde vom 22. August 1833.**
§§. 3, 5, 21 S. 34, 39.

**Stralsunder Hafenordnung vom 4. Mai 1842.**
S. 393.

**Gesetz, betr. die Erleichterung des Lootsenzwangs in den Häfen und Binnengewässern der Provinzen Preussen und Pommern, vom 9. Mai 1853.**
S. 39, 180.

## Mecklenburg.

**Verordnung, betr. die Schiffsvermessung, vom 20. März 1867.**
S. 203.

## Hamburg.

**Cuxhavener Lootsenordnung vom 20. Dezember 1838.**
§. 4 S. 124.

## Ausland.

**Regulations for preventing collisions at sea von 1863.**
S. 343.

**Merchant shipping act von 1873.**
No. 16 S. 548.

# V. Alphabetisches Register nach der Materie.

## A.


Seite

Abstand von der Küste, unsichere Schätzung desselben ............... 57.58

— s. a. Lufterscheinungen.

Aegir, norwegischer Dampfer, trifft am 10. März 1878 die am 8. dess. Mts. von der Mannschaft verlassene Galiote »Yskea« von Emden in der Nordsee treibend ........................................ 20

Aethelberth, britische Bark; Zusammenstoss derselben mit der britischen Brigg »Brotherly Love« auf der Elbe am 14. Juli 1878 ............ 121

Almeria, Rhede von, ist unsicher bei Weststürmen.................... 491

Alter eines Schiffes von 35 Jahren als kein zu hohes bezeichnet ......... 205

Alwine, Schaluppe von Wolgast; Zusammenstoss derselben mit der dänischen Jacht »Elise« am 8. Juli 1878 im Peenemünder Rack; Sinken derselben 138

Amaranth, Bremer Schiff. Kapitän Brauer nimmt einen Theil der Mannschaft der Danziger Bark »Otto George«, welche im Boot ihr Schiff verlassen hatte, auf ............................................ 9.11

Amor, norwegische Bark; nimmt die Mannschaft der sinkenden deutschen Bark »O. Thyen« auf............................................ 456

Anbohren des Schiffes seitens des Schiffers als muthmaassliche Ursache des Seeunfalls angenommen ....................................... 94

Anglo Norman, britische Bark; nimmt die Mannschaft der sinkenden deutschen Brigg »Johann« auf, Seite 550, desgl. der Bark »Ada« .. 725

Anker, Unklarwerden desselben als Ursache eines Seeunfalls angenommen 155

— Reserveanker wird zweckmässiger beim Grossmast, als im Zwischendeck aufbewahrt ............................................... 348

— s. a. u. Werfen.

Ankerketten, Nichtbefestigen derselben im Schiff, wodurch das Verankern eines Schiffes verhindert wurde, als ein Fehler bezeichnet............ 669

Ankerlaterne, Nichtbrennen einer solchen als Grund einer Kollision angenommen.............................................. 232

Anstecken eines mit Petroleum beladenen Schiffes beim Verlassen desselben durch die Mannschaft, im Interesse der Schiffahrt als gerechtfertigt angenommen............................................... 457

Ariel, Dampfer aus Nyborg; trifft am 27. Februar 1878 den Schooner »Otto & Frieda«, welcher, von der Mannschaft verlassen, angesichts des Dampfers sank ............................................ 94

Seite

Aufgeben, zu frühzeitiges, eines Schiffes, ehe der Versuch gemacht, dasselbe mit den Pumpen flott zu erhalten, getadelt und als Mitursache eines Seeunfalls angenommen ... 664
Aufstossen s. u. Wrackstück.
Ausguckmann; Unaufmerksamkeit desselben als Ursache eines Seeunfalls angenommen ... 177
— Verwendung desselben zum Lothen als ordnungswidrig bezeichnet ... 88
Auswässerung von 8—9 Zoll bei $5^3/_4$ Fuss Tiefgang als genügend angenommen ... 69
— desgl. von $^3/_4$ Fuss bei einem Fahrzeug von 4 Fuss Tiefgang ... 109
— von wenigstens 2 Zoll auf den Fuss Tiefgang zur Seetüchtigkeit eines Schiffes erfahrungsmässig geboten ... 281
— von 15 Zoll bei $9^1/_4$ Fuss Tiefgang für ausreichend gehalten ... 820
— nach den Statuten und Versicherungsbedingungen der ostfriesischen Assekuranz-Gesellschaften nur eine Auswässerung von 1 Zoll auf den Fuss Tiefgang bei Fahrzeugen von 50—60 Last verlangt ... 110
— s. a. u. Ueberladung.

## B.

Ballast; Einnahme von solchem bei Holzladungen, falls keine Decklast genommen, wird als nicht gebräuchlich bezeichnet ... 562
— Nichteinnahme von solchem als ein Fehler gerügt, wenngleich dieselbe in Russland bei einer gewissen Art Fahrzeuge gebräuchlich ist ... 668.669
Barre von Lagos; Passiren derselben während der Regenmonate als schwierig und gefährlich bezeichnet ... 775
Beaufsichtigung, unterlassene, eines zu Anker liegenden Fahrzeugs seitens des Schiffers, als Pflichtwidrigkeit bezeichnet ... 804
Befugnisse, gewerbliche. Eine Theilung derselben nach der Verschiedenheit der Schiffe ist sowohl beim Schiffer- als Steuermannsgewerbe unzulässig 660
Bemannung, Mangel an genügender ... 69
— Pflicht des Schiffers, für hinreichende zu sorgen ... 109
— zu geringe, tadelnd hervorgehoben ... 786
— von nur zwei Mann für seegehende Fahrzeuge als ungenügend bezeichnet ... 159.162.246.249
— von zwei Mann bei seegehenden Fahrzeugen von 50 Tons Gehalt als ungenügend, aber üblich bezeichnet ... 574
— von drei Mann als durchaus erforderlich für wirklich in See gehende Schiffe bezeichnet ... 70
— Usance der ostfriesischen Küsten- und Wattfahrer nur zwei Mann Besatzung zu haben. Die Versicherungsgesellschaften verlangen ein Mehreres nicht 69
Beraubung eines an der chinesischen Küste gestrandeten deutschen Schiffes durch Strandbewohner ... 575
Besichtiger, amtliche. Die Anordnung von solchen betreffs der Reparatur eines Schiffes für nicht ausreichend angenommen ... 198
Beurkundung des Personenstandes s. Gesetzesstellen.
Bewachsensein des Schiffbodens als Ursache der schlechten Steuerfähigkeit eines Schiffes angenommen ... 123

Seite

Blonde, deutscher Dampfer; nimmt die Mannschaft des sinkenden deutschen Dampfers »Marienburg« auf ........ 460

Böttcherholz zur Unterlage der Ladung verwendet, als genügender Ersatz der Garnirung bezeichnet ........ 115

Boot; Ausrüstung eines grösseren Schiffes mit nur einem, tadelnd hervorgehoben ........ 786

— Mitführen eines solchen seitens der kleineren Wattfahrzeuge nicht als unbedingt erforderlich erachtet und deshalb nicht als ein Mangel in der Ausrüstung bezeichnet ........ 571

Brotherly Love, britische Brigg von Shields, in Folge Kollision mit der britischen Bark »Aethelberth« am 14. Juli 1878 auf der Elbe gesunken 121

Bruch des Grossmastes in Folge von heftigem Schlingern ........ 204. 206

Bundeskonsulate s. Gesetzesstellen.

Bunker; rechtzeitiger Verschluss der Schotten vor den Eingängen zu den Bunkern unterlassen ........ 259

## C.

Cays, Nuevo und Arena; Warnung der Segelanweisung, sich denselben bei Nacht zu nähern, da sie schlecht zu sehen und nicht anzulothen sind. 267

Charlie Blackwood, britischer dreimastiger Schooner; Kapitän Richardson. Trifft am 8. März 1879 die deutsche Galiote »Yskea« und nimmt die Mannschaft derselben, welche ihr beschädigtes Fahrzeug verlassen will, an Bord ........ 20

Chilian, Dampfer; versucht einen Theil der Mannschaft der Danziger Bark »Otto George« zu retten ........ 8

Christine, dänische Brigg; nimmt die Mannschaft des auf der Ladung treibenden Schooners »Amandus« auf ........ 811

Chronometer; unterlassene Regelung eines solchen getadelt ........ 677

Civilprozessordnung s. Gesetzesstellen.

Condor, schwedische Bark; nimmt die Mannschaft der sinkenden deutschen Brigg »Grossherzog Friedrich Franz« in der Nordsee auf ........ 205

Consiglia Galatola, italienische Bark; nimmt die Mannschaft des sinkenden deutschen Schooners »Emma« auf ........ 395

## D.

Deck, Verlassen desselben seitens des Steuermanns während seiner Wache und während das Schiff sich in gefährlicher Lage befindet, als Mangel gewöhnlicher Vorsicht und Pflichttreue bezeichnet ........ 471

Deckladung; eine solche von drei Lagen Sleepers als gebräuchlich bei deutschen Schiffen bezeichnet ........ 320

— s. a. Dynamit.

Decklast bei Holzladungen gebräuchlich und nicht verboten ........ 454

— Der ungünstige Einfluss einer solchen auf die Seetüchtigkeit als erwiesen angenommen und deshalb ein gesetzliches Verbot als wünschenswerth bezeichnet. Die Stauung der Decklast in einer Höhe von 2½ Fuss bis einige Zoll unter der Regeling als die übliche Praxis in den Ostseehäfen bezeichnet ........ 642

Seite

Deviation. Der Kompass im finnischen Meerbusen ist Unregelmässigkeiten erfahrungsmässig unterworfen ........ 331
Domesnees, Riff von; als ein sehr gefährliches bezeichnet, da dort festgerathene Schiffe des Treibsandes wegen fast nie wieder loskommen 579
Durchbrechen eines auf Grund stehenden Fahrzeugs in Folge Unterwühlens des Grundes durch die Strömung als Ursache eines Seeunfalls angenommen ........ 796
Dynamit als Deckladung ........ 234

## E.

East London am Cap der guten Hoffnung. Unsichere Rhede ........ 46
Ebbe und Fluth, Beobachtung derselben als Pflicht des Schiffers bezeichnet 211
Eider s. u. Feuerschiff; Lootsengaliote.
Entreprise, britische Smack; nimmt die Mannschaft des sinkenden deutschen Schooners »Kronprinz Ernst August« auf........ 432

## F.

Fahrgeschwindigkeit; Ermässigung derselben von 14 auf 11 Knoten als nicht hinreichend bei starkem Nebel bezeichnet, und entspricht nicht der Verordnung vom 23. Dezember 1871, Art. 16.
Fanchon, Brigg von Rostock; leistet dem Stralsunder Schooner »Caroline« Hülfe ........ 140
Feuer; Entstehung desselben durch die Reibung von mit Creosot getränkten Eisenbahnschwellen, als wahrscheinlich angenommen........ 740. 741
— durch Blitzschlag entstanden, als Ursache eines Seeunfalls angenommen 663
Feuerschiff der Eider rettet die Mannschaft der sinkenden Tjalk »Hero« mit einem Boote........ 66
— von Falsterbo. Der Umstand, dass die beiden Feuer dieses Feuerschiffs in gleicher Höhe angebracht sind, sich also unter gewissen Umständen decken und wie ein Feuer erscheinen, als unzweckmässig bezeichnet.. 357
— von Minsenersand als Marke zur Einsegelung in die Jade ........ 44. 45
Feuerschiffe; Einziehung der von der russischen Marine ressortirenden. 329
Fischerfeuer, Sichtweite derselben höchstens zwei Seemeilen........ 131
— s. a. Helder.
Flora, deutsches Schiff; macht einen Versuch die Mannschaft des gestrandeten Schiffes »Matterhorn« zu retten. Vier Mann der Besatzung kamen dabei um........ 103
Fluthströmung, Richtung und Schnelligkeit derselben an der englischen Südostküste (Themsemündung)........ 129
Frost, starker und plötzlich eintretender, wodurch Takelage und Ankergeschirr unregierbar wurden, als Hauptursache eines Seeunfalls angenommen ........ 565

## G.

Gaetano, italienische Bark, nimmt die Mannschaft der auf der Ladung treibenden deutschen Bark »Friedrich« auf ........ 453
Garnirung, Mangel derselben bei einer Ladung Pflastersteine. ........ 112

Seite

Garnirung von Matten bei Salzladung als nicht genügend bezeichnet, sondern eine Garnirung wie bei trockener Ladung üblich, für erforderlich gehalten ..... 354

— Holz-; Mangel einer solchen bei einer Ladung Roheisen nicht als Mangel in der Stauung anzusehen ..... 279

Gaston & Lina, französischer Schooner; rettet die Mannschaft der sinkenden deutschen Galeasse »Sophie« ..... 827. 828

Geschäftsordnung für das Ober-Seeamt s. Gesetzesstellen.

Gesetz vom 9. Mai 1853 s. Gesetzesstellen.

Gesetz, Reichs-, betr. die Untersuchung von Seeunfällen s. Gesetzesstellen.

Getreideladung s. u. Ladung; s. u. Schotten.

Glengarry, britischer Dampfer; nimmt einen Theil der Mannschaft und der Passagiere des sinkenden deutschen Dampfers »Pommerania« auf.. 254

Gravelinors, französischer Schleppdampfer; nimmt die Mannschaft des gesunkenen deutschen Schooners »Johanna« auf ..... 489

## H.

Handelsgesetzbuch s. Gesetzesstellen.

Hannoversches Maass; Umrechnung desselben auf Grund der Maass- und Gewichtsordnung vom 17. August 1868, Art. 21 ..... 118

Hartwell-Riff, wahrscheinliche Strandungsstelle der Schoonerbrigg »Eintracht« ..... 31

Helder, Leuchtfeuer; Verwechselung desselben mit Fischerfeuern ..... 513

Hermann, deutsche Galiote; nimmt die Mannschaft des im sinkenden Zustande befindlichen Schooners »Margarethe« auf ..... 28

Hülfe, Nichtleisten von, seitens der Schoonerbrigg »W. Brügmann & Sohn No 1«, Schiffer Schmidt, an die in Noth befindliche Bark »Maria« konstatirt ..... 786

Hülfeleistung, Anerkennung der von dem britischen Dampfer »Teal« nach der Kollision dem Lootsenschooner »Weser« geleisteten ..... 85

— des britischen Dampfers »Ferndale« an die deutsche Bark »Ebenezar«.. 235

— s. a. u. Strandvogt.

## J.

Jade, Verwechselung der Fahrwassertonnen beim Einsegeln in dieselbe... 41. 42

— s. a. u. Lootsen.

John Ormston, britischer Dampfer; nimmt die Mannschaft der deutschen Bark »Maria«, welche im sinkendem Zustande verlassen war, auf..... 780

## K.

Kappen des Grossmastes, welcher gebrochen war, unterlassen, um die Manövrirfähigkeit nicht zu verringern und weil befürchtet wurde, derselbe würde beim Sturz den Fockmast mitreissen ..... 206

— der Masten zur Verhütung des Kenterns ..... 7

Karte der Gewässer an der argentinischen Küste, unrichtige Angabe betr., die Strömung enthaltend ..... 87

— Special-; Mangel einer solchen als Mitursache eines Seeunfalls angenommen 568

Seite

Karten; Unrichtigkeit derselben als Ursache eines Seeunfalls angenommen 240
— mangelhafte Ausrüstung mit solchen als Mitursache eines Seeunfalls bezeichnet ........ 153.576
— s. a. Segelanweisung.
Kentern eines Schiffsbootes Seite 162; desgl. bei dem Versuch, die Insel Juist zu erreichen ........ 150
— eines mit Tonnenplanken beladenen Schooners ........ 558
— s. a. u. Kappen, Kettestecken.
Kentish Knock, Bank; Strandung der Hamburger Bark »Auguste Solcher« 4
— Leuchtfeuer; Verwechselung desselben mit Sunk-Feuerschiff bezw. mit einem Fischerboot als Ursache der Strandung der Brigg »Eos« angenommen 97
— — Verwechselung mit dem von Nord-Hinder ........ 4
Kettestecken im Zusammentreffen mit einem Windstosse als Ursache des Kenterns eines eben vom Stapel gelassenen Schiffes angenommen ... 81
Klassifizirung eines Schiffes kann als Beweis für die Seetüchtigkeit eines solchen nicht unbedingt gelten, wenn die Klassifizirung vor längerer Zeit stattgefunden hat ........ 420
Klinker. Gewicht eines Klinkersteins auf reichlich 4 ½ Pfund angenommen 68
Küstenströmung; Versetzung durch dieselbe als Grund der Strandung angenommen ........ 223
Kung-Kung-Tan, Inseln bei Chefoo (China); Strandungsort der Bark »Ceres« von Hamburg ........ 59

## L.

Ladepforten; Eindrücken derselben durch Eis auf der Elbe als Ursache eines Seeunfalls angesehen ........ 406
Laderaum, Zutritt in denselben von der Proviantkammer seitens der Mannschaft wird als ordnungswidrig bezeichnet ........ 83
Ladung; Gewicht derselben beträgt gewöhnlich 10—40 Prozent mehr als die Vermessung des Schiffes ergiebt ........ 203
— Getreide-; Sacken (Zusammenfallen) einer solchen als Ursache des Ueberschiessens derselben angenommen ........ 180
— von Steinkohlen, ordnungsmässiges Stauen derselben ........ 204
— — zählt nicht zu den gefährlichen Ladungen, weil sie über den ganzen Raum gleichmässig gestaut wird ........ 206
— Stein-, nassgewordene, als Ursache des Verlustes der Tjalk »Foskea« bezeichnet ........ 84
— — Schiffe mit, leck geworden und gesunken ........ 65.67
— zu schwere, als Ursache des Leckwerdens angenommen ........ 69
— s. a. u. Böttcherholz, Schiffsjournal, Schwergut, Selbstentzündung, Ueberladung.
Ladungsfähigkeit eines Schiffes übersteigt die durch die Vermessung ermittelte regelmässig ........ 69
— Ermittelung derselben als Zweck der Vermessung anzusehen ........ 118
— die durch die Vermessung ermittelte als nicht maassgebend bezeichnet . 275
— s. a. u. Schiffsvermessung.

Seite

Längsschotten s. Schotten.
Landrecht s. Gesetzesstellen.
Leck; der Versuch einen solchen durch Unterziehen eines Segels zu verstopfen, entbehrt häufig des Erfolges ..... 280
— s. a. u. Seetüchtigkeit.
Leckspringen des Schooners »Margaretha« in Folge schlechten Wetters und hohen Alters des Fahrzeugs ..... 28.29
— s. a. u. Schwefelsäure; s. a. u. Seitenwände.
Leckwasser s. u. Salpeter.
Leuchtfeuer-Verzeichniss; der Besitz eines solchen von neuestem Datum wird als Pflicht eines Schiffers bezeichnet ..... 584
Liffey, britische Fregatte; leistet der am 18. Juli 1878 in der Nähe der kanarischen Inseln in Brand gerathenen Hamburger Bark »Anita« Hülfe und bringt die gerettete Mannschaft derselben nach St. Vincent 82
Loggen und Lothen. Vernachlässigung dieser gewöhnlichsten Vorsichtsmaassregeln als Verschulden an einem Seeunfall angenommen ..... 76
Lootsen. Auslegung des Gesetzes, betr. die Untersuchung von Seeunfällen, in Bezug auf Beurtheilung der Handlungen oder Unterlassungen der Lootsen ..... 54
— Die hamburgischen Elblootsen sind nach gerichtlicher Entscheidung nicht als Zwangslootsen im Sinne des Artikels 780 des Handelsgesetzbuches anzusehen 123
— brauchen auf der Elbe nicht genommen zu werden ..... 501
— Falsche Auffassung eines solchen betreffs der Verpflichtung eines Segelschiffes zum Warten bis ein Dampfer passirt ist, wenn dieser ein Signal mit der Dampfpfeife gegeben hat ..... 220
— für die Jade ..... 43
— Handlungen und Unterlassungen derselben bei Führung von Schiffen .. 52.53
— Nichtbefolgung der Anweisungen eines solchen. Verpflichtung des Schiffers zur Befolgung der Anweisung eines Zwangslootsen ..... 35.35.39
— Nichteinnahme eines Standorts, der einen klaren Ueberblick gestattete, wird einem Lootsen als Verschulden ausgelegt ..... 124
— Pflicht derselben, nach einem Seeunfall, bei welchem sie die Führung eines Schiffes gehabt, sich von den Umständen und Ursachen genauere Ueberzeugung zu verschaffen Seite 194; desgl. sich von der Richtigkeit der Kompasse auf den ihrer Führung anvertrauten Schiffen zu überzeugen 241
— Unfähigkeit oder Nachlässigkeit eines solchen als Ursache eines Seeunfalls angenommen ..... 467
— Verschulden eines solchen an einem Seeunfall angenommen ..... 138
Lootsenfahrzeug s. u. Toplaternen.
Lootsengaliote in der Eider. Das Rettungsboot derselben leistet dem gestrandeten Ever »Elisabeth« Hülfe ..... 101
Lootsenkutter, Verwechselung mit einem Fischerfahrzeug ..... 75
Lootsenordnung s. Gesetzesstellen.
Lootsenzwang besteht auf der Weser nicht ..... 681
Loth, mangelhafte und unaufmerksame Benutzung desselben ..... 3.4.5
— ungenügender Gebrauch desselben als Strandungsursache bezeichnet .... 210
— Nichtgebrauch desselben bei unsicherem Besteck in der Nordsee wird dem Schiffer als Verschulden angerechnet ..... 508

Seite

Lothen, Unterlassung desselben als Schuld des Schiffers bezeichnet ...... 120
— desgl. als Ursache eines Seeunfalls angenommen .................... 470
— Vornahme desselben als besonders erforderlich bei der Schiffahrt über den Watten bezeichnet .......................................... 113
Lothungen, Nichtvornahme derselben wird entschuldigt ............... 288
— Zwecklosigkeit derselben auf der Campechebank .................... 271
Lufterscheinungen als Ursache der Ueberschätzung des Abstandes vom Lande angenommen .......................................... 79

## M.

Maass- und Gewichtsordnung s. Gesetzesstellen.
Maria, Schooner von Marstall, nimmt die Mannschaft des gesunkenen Schooners »Otto und Frieda« von Rostock auf und landet dieselbe bei Hirtshals .......................................... 93
Marie, norwegische Bark; Schiffskapitän Botner. Nimmt die Mannschaft des deutschen Schooners »Zwei Gebrüder«, welche ihr sinkendes Fahrzeug im Boot verlassen hatte, auf .......................... 2
Mellneraggen bei Memel, Strandungsort der Bark »Adelheid« aus Kiel 71
Mellum-Plate als Strandungsort der Tjalk »Foskea« angenommen. . . 83
Merchant shipping act s. Gesetzesstellen.
Minsenersand s. u. Feuerschiff.
Möwenhaken, Einengung des Swinefahrwassers durch denselben ...... 34

## N.

Nebel als Ursache der Strandung des Schooners »Adelheid« bezeichnet Seite 6; desgl. der Bark »Adelheid« ........................... 70
— als wahrscheinliche Ursache der Strandung des britischen Dampfers »Loreley« angenommen .......................................... 22
— richtige Anwendung von Vorsichtsmaassregeln bei Nebel ............ 183
— s. a. Fahrgeschwindigkeit.
Nebelhörner, Nichtvorhandensein ihren Zwecken entsprechender .. ... 63
Nebelhorn, ununterbrochener Gebrauch desselben .................... 85
Nebelhornstation; Einrichtung einer solchen bei Moruptange wird als wünschenswerth bezeichnet ........................................ 389
Nebelsignale; abweichende Angaben über das Hören derselben. Einwirkung der Schallrichtung und des Geräusches der Maschinen....... 62.63
— Nichthören derselben .......................................... 182
Nichtbeachtung der Befehle des Kapitäns seitens des Steuermanns als Verschulden an einen Seeunfall angenommen .......................... 76
Nord-Hinder, Feuerschiff, Verwechselung mit dem von Kentish-Knock . 4
Nothflagge, erfolgloses Zeigen derselben .......................... 68
Nothsignal, Mangel des vorschriftsmässigen ......................... 108
Nothsignale, Nichtgebrauch derselben wird dem Schiffer zur Last gelegt 283
— Unkenntniss derselben wird dem Schiffer und Steuermann zum Vorwurf gemacht .......................................... 323
Noth- und Lootsen-Signal-Ordnung s. Gesetzesstellen.

## P.

Seite

Pampero, südöstlicher Sturm; als Ursache der Strandung eines Schiffes im La Plata angesehen ... 345
Peilungen, Vornahme von solchen als eine gebotene Vorsicht bei der Navigirung in engen und gefährlichen Fahrwassern bezeichnet ... 131
Pendle-Hill, britisches Schiff von Whitehaven, nimmt die Mannschaft der sinkenden Brigg »Superb« von Hamburg auf ... 166
Planke, Aufspalten einer solchen ... 194
Polizei-Ordnung s. Gesetzesstellen.
Port Elizabeth; Mangel daselbst an Einrichtungen zur gründlichen Reparatur von Schiffen ... 47
Pumpen, unklare, als Grund zum Aufgeben des Schiffes angesehen ... 21
— Unklarwerden derselben bei einer Ladung Düngersalz als Ursache eines Seeunfalls angenommen ... 478
— Verstopfen derselben bei einer Ladung Thonerde ... 194
— desgl. durch Ladungstheile (Palmkerne), als Ursache eines Seeunfalls angenommen ... 466
— s. a. u. Schwungräder.
Pumpenraum, Abschluss desselben gegen das Eindringen von Sandballast als nicht gebräuchlich bezeichnet ... 727
Pym, britisches Schiff, Kapitän Stapleton; rettet die Mannschaft der Schoonerbrigg »Bertha« am 19. Mai 1878 im südatlantischen Ozean 142

## Q.

Querschotten s. u. Schotten.

## R.

Raketen-Apparat; Anwendung desselben bei der Strandung der britischen Brigg »Argyra« bei der Insel Juist ... 150
— Rettung der Mannschaft der Schoonerbark »Vertrauen« durch einen solchen an der Küste von Jütland ... 136
Regulations s. Gesetzesstellen.
Reichs-Oberhandelsgericht s. Gesetzesstellen.
Reikiavik, Hafen von; als unsicher bei stürmischem Wetter bezeichnet.. 374
Reserveanker s. u. Anker.
Rettungsboot, Helgoländer; rettet die Besatzung der Tjalk »Catharina« 68
— verspätetes Eintreffen des von Norderney bei einem Strandungsfall ... 163
— von Horumersiel; Versuch desselben zur Rettung der Mannschaft der gesunkenen Kuff »Aurora« ... 108
— — Juist; vergebliche Bemühung desselben, die gestrandete britische Brigg »Argyra« zu erreichen ... 150
— — Maassluis; rettet die Mannschaft der deutschen Schoonergaliote »Wodan« 209
Rettungsbojen werden als zweckmässiger und nothwendiger Ausrüstungsgegenstand der Seeschiffe bezeichnet ... 13
Rettungsgesellschaft, die nord- und südholländische. Ein Boot derselben rettet die Mannschaft des gestrandeten Schooners »Maria« ... 230
Revision s. u. Seetüchtigkeit.

Seite

Ruder; Unbrauchbarwerden desselben in Folge von Stossen des Schiffes auf eine Klippe ... 31
— Wirkung desselben bei rückwärtsgehender Schraube ... 65
Ruderkette, Bruch derselben ... 301.302
Ruderpfosten, Bruch des ... 1

## S.

Sacken s. u. Ladung.
Salpeter; Wegschmelzen einer Ladung durch Leckwasser ... 287
Scharfe (Quernaht); Springen einer solchen als unberechenbarer Zufall bezeichnet und als Ursache eines Seeunfalls angenommen ... 132
Schiffahrt; Mangel an für dieselbe bestimmten Hülfseinrichtungen als Ursache eines Seeunfalls angenommen ... 238
Schiffer; Mangel an Muth und Energie eines solchen als Ursache eines Seeunfalls angenommen ... 141
— Verantwortlichkeit desselben für die Navigirung seines Schiffes ... 129
— s. a. u. Vereidigung, Verklarung, Verpflichtung.
Schiffsboden s. Bewachsensein desselben.
Schiffsjournal als wichtiges, zuweilen unersetzliches Beweismittel bezeichnet 215
— Erhaltung desselben nach einem Seeunfall dem Schiffer zur Pflicht gemacht 315
— Handelsgesetzbuch schreibt nicht vor, dass Anbringung von Schotten zur Sicherung der Ladung im Journal bemerkt werden muss ... 821
— Nichtaufbewahrung desselben als ordnungswidrig getadelt ... 210
— Nichtmitnahme desselben beim Verlassen eines sinkenden Schiffes dem Schiffer zum Vorwurf gemacht ... 382
— Nichtunterschreiben desselben nach einem Seeunfall als ordnungswidrig bezeichnet ... 307
— Pflicht des Schiffers, die Führung desselben zu überwachen ... 284
— Unterlassene Rettung desselben dem Schiffer als eine tadelnswerthe Nachlässigkeit angerechnet ... 354
— s. a. u. Strandvogt.
Schiffsrath; Abhaltung eines solchen ist gesetzlich nicht geboten ... 97
— Beschluss eines solchen entlastet den Schiffer nicht ... 283
Schiffsregister; Löschung eines verschollenen Schiffes in demselben . 218
Schiffsschraube; Wirkung einer linksschlagenden auf den Curs eines Dampfers ... 191
Schiffsvermessung. Mecklenburgische Verordnung vom 20. März 1867 bezeichnet als Zweck der Vermessung die Ermittelung der Höhe der zu entrichtenden Kontribution ... 203
— Zweck derselben ist die Ladungsfähigkeit des Schiffes festzustellen, jedoch nicht eine unüberschreitbare Grenze für das Gewicht der Ladung anzugeben ... 118
— s. a. u. Ladung, Tragfähigkeit.
Schiffsvermessungs-Ordnung s. Gesetzesstellen.
Schiffswände; Absetzen derselben mit aufrecht stehenden Eisenplatten bei einer Ladung Spiegeleisen, als anerkannt gute Maassregel bezeichnet 202
Schleppdampfer. Anwendung des §. 15 der Kaiserlichen Verordnung vom 23. Dezember 1871 auf dieselben ... 186

Seite

Schlingern s. u. Bruch.

Schotten. Empfohlen, den Verschluss der Schotten in den Kohlenbunkern so einzurichten, dass derselbe von Deck aus bewirkt werden kann .... 260

— Geweling-, Anwendung von solchen bei Küstenfahrern in der Ostsee nicht üblich .... 179

— Längs-, zur sicheren Stauung von Getreideladungen bei grösseren Schiffen nothwendig, bei kleineren jedoch nicht erforderlich, sondern besser durch Querschotten zu ersetzen .... 680

Schotten; mangelhafte Einrichtung derselben als Mitursache eines Seeunfalls angenommen .... 157

— s. a. u. Bunker, Schiffsjournal.

Schraubenwelle, Bruch derselben .... 460

Schwefelsäure; schädliche Einwirkung derselben auf die eiserne Verbolzung eines Schiffes, als wahrscheinliche Ursache des Leckspringens angenommen .... 159

Schwergut. Verladung von Schwergut unten im Schiff und dadurch herbeigeführte heftige Bewegungen desselben .... 47

Schwimmgürtel; unrichtiger Gebrauch derselben seitens der Passagiere. Empfehlung, in Zukunft Abbildung dieser Apparate auf den Passagierschiffen aufzuhängen .... 261

Schwungräder an den Pumpen als praktisch und empfehlenswerth bezeichnet .... 424

Seeamt, Ober-. s. Gesetzesstellen.

Seemannsordnung s. Gesetzesstellen.

Seeschiffer- und Seesteuermanns-Prüfungen s. Gesetzesstellen.

Seetüchtigkeit; Bedeutung eines Leckes für dieselbe .... 209.211

— In kurzen Zwischenräumen vorzunehmende Revision bei alten Fahrzeugen ohne Metallhaut erforderlich bezeichnet, um die Seetüchtigkeit derselben erkennen zu können .... 674

— s. a. u. Auswässerung.

Seeunfall-Gesetz s. Gesetzesstellen.

Seewarte, deutsche, Agentur in Emden; Witterungsbericht vom 8. Juni 1878 Seite 68; desgl. vom 2. August 1878 .... 108

Segelanweisung von Jülfs & Balleer (die Seehäfen etc. der Erde, Suppl. Band) betr. die Einfahrt nach Aux Cays. Unzuverlässigkeit der Karten von der Küste von Haiti .... 56.57

Segelkarte des südlichen Theiles der Ostsee zu Preussens Seeatlas. Fehlerhaftigkeit derselben ist festgestellt betr. die Ostküste von Oeland. Lage der Susanna-Bank .... 652.653

Seitenwände. Die Stelle zwischen Wind und Wasser als die bezeichnet, welche am sorgfältigsten revidirt werden müsste, als dem Leckwerden am meisten unterworfen .... 114

Seitenlichter; Nichtanzünden derselben nach Sonnenuntergang als eine Pflichtwidrigkeit des Schiffers bezeichnet .... 683

— Nichtführen derselben als Ursache eines Seeunfalls angenommen .... 722.724

Selbstentzündung des zum Verstauen einer Ladung verwendeten Strohs als wahrscheinliche Entstehungsursache des Feuers in einem Schiffe angenommen .... 558

Seite

Selbstentzündung einer Hanfladung, welche mit Oel in Berührung gekommen, als Ursache eines Seeunfalls angenommen .............. 835
— von feuchtem Stroh von dem Direktor des chemischen Staats-Laboratoriums in Hamburg als wahrscheinliche Ursache des Brandes an Bord der »Anita« bezeichnet .................................................. 82
Sorgleinen; in dem Fehlen derselben ist ein Vorwurf gegen den Schiffer nicht zu erblicken .................................................. 2
— Fehlen derselben nicht als mangelhafte Ausrüstung eines Schiffes angesehen 397
Steinkohlen s. u. Ladung.
Steinladung s. u. Ladung.
Steuerfähigkeit, mangelhafte, als muthmaassliche Ursache eines Zusammenstosses angenommen .................................................. 190
— s. a. Bewachsensein des Schiffsbodens.
Steuerkette; Ablaufen derselben von der Walze. Die in Folge desselben eingetretene Steuerlosigkeit als Ursache eines Seeunfalls angenommen .. 106
Steuermann, Unterlassungen eines solchen als Verschuldung bei einem Seeunfall angenommen .................................................. 70
— s. a. u. Vereidigung, Verklarung, Verpflichtung.
Steuermannsgewerbe, Mangel an den zur Ausübung desselben erforderlichen Eigenschaften .................................................. 70
Strafprozessordnung s. Gesetzesstellen.
Strandungsordnung s. Gesetzesstellen.
Strandvogt. Ablehnung von Hülfeleistung durch einen solchen wegen zunehmender Brandung .................................................. 222.223
— Verpflichtung desselben zur Ansichnahme des Schiffsjournals und zum Abschluss desselben bei Strandungsfällen .............................. 216
Strassenrecht auf See von Romberg .................................. 186
Strömung, Annahme einer südwestlichen an der Südküste von Haiti in den Monaten Januar bis März .................................................. 56
— Eine westlich setzende als Ursache der Strandung des Schooners »Rugia« angenommen. Regelmässiges Vorkommen derartiger Strömungen im östlichen Theil der Ostsee bei West- und SW-Winden .............. 24
— Nichtbeachtung derselben als Hauptursache der Strandung bezeichnet .. 213
— Richtung derselben an der argentinischen Küste. Unkenntniss dieser Strömung als Ursache der Strandung des Dampfers »Karnak« angenommen .................................................. 87
— Ungenügende Berücksichtigung der Südwestströmung bei Bonavista als Ursache der Strandung der Schoonerbrigg »Eintracht« angenommen 30.31.32
— ungewöhnliche bei Haiti als Ursache der Strandung der Schoonerbrigg »Rebecca« angenommen .................................................. 104.105
— Versetzung durch die .................................................. 6
— Vorhandensein einer starken nach SW in der Nähe der Insel Bonavista (Kap Verdische Inseln) .................................................. 78
— Vorherrschen einer starken südlichen in der Nähe der jütischen Küste bei starken nördlichen Winden. Eine solche als Ursache eines Seeunfalls angenommen .................................................. 137
— vorherrschende, existirt nicht auf der Campechebank .................. 266

Seite

Strömung s. a. u. Durchbrechen.
Strömungen, starke nach Norden setzende, herrschen erfahrungsmässig bei südlichen Winden ........ 840.841
Sturzsee; schwere Beschädigung eines Schiffes durch eine solche ........ 147

## T.

Teal, britischer Dampfer; Kollision desselben mit dem Lootsenschooner »Weser« am 4. Mai 1878 ........ 84
Tonnen s. u. Jade.
Toplaternen als karakteristisches Kennzeichen eines Lootsenfahrzeugs bezeichnet ........ 77
Tragfähigkeit eines Schiffes um ein Drittheil höher angenommen, als die Vermessung des Schiffes ergiebt ........ 195
Tragfähigkeit eines Schiffes ist nicht ausschliesslich von seinem Raumgehalt, sondern auch von der Bauart und dem Material etc. abhängig ........ 118

## U.

Ueberladung eines deutschen Schiffes in Havre durch einen Agenten des Büreau Veritas und einen Kommissar der dortigen Kaufmannschaft konstatirt ........ 234
— eines Schiffes ist anzunehmen, wenn die Auswässerung desselben im Missverhältniss zum Tiefgang steht ........ 281
Ueberschiessen einer Ladung China-Clay ........ 7
Uebersegeln s. u. Wrack.
Umschlagen eines mit voller Takelage vom Stapel gelassenen Schiffes .. 79

## V.

Verbolzung s. u. Schwefelsäure.
Vereidigung von Schiffer und Steuermann zu unterlassen, wenn die Glaubwürdigkeit dieser Personen Zweifel unterliegt, sonst aber vorzunehmen. 446
Verklarung. Keine wesentliche Voraussetzung eines seeamtlichen Spruches 437
— Pflicht der Schiffsleute, besonders des Schiffers und Steuermanns, auf eine richtige Abfassung der Verklarung zu achten ........ 332
Vermessung s. Schiffsvermessung.
Victoria, schwedische Bark; nimmt die Mannschaft des gesunkenen deutschen Schooners »Maria Elisabeth« auf ........ 310
Ville de Fuveau, französische Bark; nimmt die Mannschaft des sinkenden deutschen Schiffes »Andreas Rickmers« auf ........ 353
Verordnungen s. Gesetzesstellen.
Verpflichtung des Steuermanns, seinen Rath dem Schiffer auf Befragen, nach sorgfältiger Prüfung aller Umstände, zu ertheilen ........ 129
Verschollenheit eines Schiffes konstatirt ........ 196

## W.

Werfen von Bugankern und Ketten als unbesonnene Handlungsweise bezeichnet ........ 428
Wirbelsturm als Ursache des Seeunfalls der Bark »Otto George« angeführt 8

Seite

Wittsand, Strandungsort des britischen Schooners »David« ............ 40
Wrack, Uebersegeln eines treibenden, als Ursache eines Seeunfalls angenommen ............ 377
Wrackstück; Aufstossen auf ein solches als muthmassliche Ursache eines Seeunfalls angenommen ............ 160

## Z.

Zusammenstoss zweier Dampfer ............ 34
— eines Dampfers mit einem Fischerkutter ............ 181
— eines Dampfers mit einem Leichterfahrzeug ............ 231
— eines Dampfers mit einem Lootsenschooner ............ 84
— eines Dampfers mit einem Segelschiff ............ 13.48.60.183.191.250
— zweier Segelschiffe ............ 25
— s. a. u. Steuerfähigkeit.
Zusammenstossen von Schiffen auf See, Verordnung betr. Verhütung d. Z. s. Gesetzesstellen.

Kolibri 360 GmbH
Ferdinand-Jühlke-Straße 7
99095 Erfurt, Deutschland
produktsicherheit@kolibri360.de